财政部规划教材

全国中等职业学校财经类教材

财经应用数学
基础模块

陈龙文　路彦星　主　编
林卫民　匡小虎　副主编

经济科学出版社

图书在版编目（CIP）数据

财经应用数学：基础模块／陈龙文，路彦星主编．—北京：经济科学出版社，2013.8 （2014.8 重印）
财政部规划教材．中职
ISBN 978 - 7 - 5141 - 3453 - 7

Ⅰ. ①财…　Ⅱ. ①陈…②路…　Ⅲ. ①经济数学 - 中等专业学校 - 教材　Ⅳ. ①F224.0

中国版本图书馆 CIP 数据核字（2013）第 109639 号

责任编辑：白留杰　李　剑　张占芬
责任校对：王凡娥
责任印制：李　鹏

财经应用数学基础模块

陈龙文　路彦星　主　编
林卫民　匡小虎　副主编

经济科学出版社出版、发行　新华书店经销
社址：北京市海淀区阜成路甲 28 号　邮编：100142
教材分社电话：010 - 88191354　发行部电话：010 - 88191522
网址：www. esp. com. cn
电子邮箱：bailiujie518@126. com
天猫网店：经济科学出版社旗舰店
网址：http：//jjkxcbs. tmall. com
北京密兴印刷有限公司印装
787×1092　16 开　9.5 印张　220000 字
2013 年 8 月第 1 版　2014 年 8 月第 2 次印刷
ISBN 978 - 7 - 5141 - 3453 - 7　定价：25.00 元

编 审 说 明

　　本书是全国财经类职业教育院校教材．经审阅，我们同意作为全国财经类院校教材出版．书中不足之处，请读者批评指正．

财政部教材编审委员会

2013 年 7 月

财经应用数学基础模块
编写组成员

主　编：陈龙文　路彦星

副主编：林卫民　匡小虎

参　编：（以姓氏拼音字母为序）

方　杰　方　裕　胡宏佳　胡晓彤　姜芹玉

梁　娟　宋西红　王伟文　王　刚　曾玲玲

前　言

根据教育部新制定的《中等职业教育数学教学大纲》（试行）的精神，帮助学生夯实数学基础，掌握数学基本知识和基本技能，注意学生发展的需要，结合现阶段中等职业学校的学生实际情况，以及数学教学改革的去向，针对财经类中等职业教育学校学生学习公共基础课数学课程的需要，对财经类中等职业学校的公共基础课作了整体规划，编写了这套《财经应用数学基础模块》和《财经应用数学拓展模块》规划教材，供财经类中等职业教育学校选用。

财经应用数学"基础模块"和"拓展模块"教材的总体设计思路是：把数学作为一种有用的工具介绍给学生，注重实用，把数学知识和财经信息整合起来，使数学知识服务于财经类专业的学习。本教材供财经类中等职业学校的学生使用，建议所用课时数为《基础模块》120 节及《拓展模块》80 节。

一、指导思想

认真贯彻"以学生发展为本"的教育思想，突出培养学生的实践能力。考虑学生的发展需要，有利于培养学生的科学素质。教材内容尽量做到与初中有关知识联系，降低学习起点，降低理论难度；并且尽可能与财经类的专业知识相连接，努力使数学知识服务于专业，努力做好与高等职业教育相衔接，有利于学生的后续发展。

二、编写原则

以培养"知识型技能人才"为原则。教材内容选择宽广、浅显，突出数学知识在财经专业上的应用、力求简明扼要。以解决问题为原则，把必须学习和掌握的知识降低难度、浅化理论，强调实际应用。注意与其他专业课的互相协调，努力解决公共课教学与专业基础课教学脱节的现象，为财经类课程的学习打好数学基础。

三、主要特点

1. 分层编写。本教材创新了编写思路，对中等职业教育的数学知识进行了分层编写，把最基本的知识编写在《基础模块》，满足了学生学习的最低要求；把拓展延伸的知识编写在《拓展模块》，以满足进一步深造的学生的需要。

2. 贴近财经。本教材的另一特点是在内容上尽力贴近财经类的知识，大量采用含有财经类知识的例题和习题，突出了为财经类专业服务的特点。

3. 问题引入。本教材在每章的开头引言部分，都安排了一个财经类的生活例子，引入本章的教学，这样能很好地提高学生学习数学的兴趣，使学生感到学习数学的用处，也为教师在讲授本章新课时提供一个引入的例子。

4. 项目引入。为了使学生明确学习目标以及为教师备课指引思路，在每节的开头都有本节的学习目标作为本节内容的学习项目，有利于分散难点，逐个击破，使学生感到容易学，老师容易教。

5. 版式新颖。本教材的编写版式新颖，版面设计图文并茂，使用了一些学生喜爱的卡通图片，增加学生学习的趣味。

四、使用本教材的几点建议

由于本教材创新了一些编写特点，提供给教师在教学中注意的有以下几点：

1. 本教材对中等职业学校学生所需要的数学知识进行了分层编写，《基础模块》为"基础知识"，供全体学生学习，也是最低的要求；《拓展模块》为"拓展延伸"，供学有余力并且准备进一步深造的学生学习。

2. 教材中出现的大量的财经类例题和习题，我们都尽量把它数学模型化，教师们在使用的过程中要充分利用这些例题和习题。

3. 教材每章的开头都列举了贴近生活的经济例子，教师们在引入本章新课时可以用这个例子作为引入，但不要在引入时就解答它，提出问题而不解答问题，这样才能更好地引起学生学习的兴趣。

4. 教材每节的开头都设置了"学习目标"，这是提供给教师备课时作为学习项目指引的，教师在讲新课时可以把它作为学习任务向学生提出要求，让学生明确本节内容的学习任务。

在编写教材的过程中，得到了广东省财政职业技术学校和顺德陈登职业中学老师的牵头、组织以及广东省贸易职业技术学校等一批学校的帮助，在此表示衷心的感谢。同时希望各地学校专家、老师和同行在使用本教材的过程中多提宝贵意见，以便进一步修改和完善，不足之处，敬请批评指正。

编写组

2013 年 5 月

目　录

第1章 集合、逻辑用语及其应用

在日常生活中，我们经常会遇到很多具有共同特征的总体，如某校会计专业的学生或全校的数学老师，某城市的工商银行营业点，某家具城的所有家具，某工厂全体员工等．为了清楚陈述这些概念或共同特征对象，需引入集合的相关概念及运算关系．

逻辑用语也是我们在日常交际与交流、相互学习和工作中不可缺少的工具，尤其是财经类学生学习财经与会计知识，也要以数学逻辑为基础．通过逻辑用语的学习，掌握常用逻辑用语的用法，能把数学内容表述得更加准确、简洁．

我们来看生活中的一个例子：08级财会专业的学生有750人，其中会骑自行车的有370人，会游泳的有420人，两样中至少会一样的有600人，问：两样都会的有多少人？两样都不会的有多少人？

这个问题看起来很复杂，但用集合的知识来解决就很简单了．

§1.1 集　　合

1.1.1 集合的概念与表示

学习目标：
（1）理解集合与元素的概念；（2）掌握集合的表示方法；
（3）会准确表述元素与集合的关系．

1. 集合的概念

在日常生活中，人们往往把具有某种特定属性的对象放在一起，作为一个整体加以研究．通常我们把具有某种特定属性的一些事物的全体叫做**集合**，简称**集**．把构成集合的那些事物叫做集合的**元素**，简称**元**．所用的"所有"、"全体"指的是具有某种特定属性的对象的整体．例如：

（1）某中等职业学校财经专业部全体学生构成一个集合，其中财经专业部的每个学生都是这个集合的元素．

（2）顺德某职业学校所设的专业构成一个集合，其中该学校每个专业都是这个集合的元素.

(3) 某家具商店里所有家具构成一个集合,其中该商店里的每一件家具都是这个集合的元素.

通常用大写的英文字母 A、B、C⋯表示集合,用小写的英文字母 a、b、c⋯表示集合的元素. 下列几个字母表示特定的数集,N 代表**自然数集**(包括 0);N_+ 或 N^* 代表**正整数集**;Z 代表**整数集**;Q 代表**有理数集**;R 代表**实数集**.

2. 集合的表示法

集合的常用表示法有两种:**列举法**和**描述法**.

(1) 列举法.

把集合里的元素一一列举出来,写在一个大括号内,元素之间用逗号隔开,这种表示集合的方法叫做**列举法**.

例如,由数 1,2,3,4,5 组成的集合,可以表示为 $\{1,2,3,4,5\}$;又如,由 2013 年 1 月 1 日执行的人民币各年限贷款利率组成的集合为 $\{5.60\%, 6.00\%, 6.15\%, 6.40\%, 6.55\%\}$.

例 1-1 用列举法表示下列集合:

(1) 所有小于 5 的自然数所构成的集合.

(2) 由会计的基本要素构成的集合.

(3) 所有小于 100 的正奇数所构成的集合.

(4) 方程 $x^2 - 5x - 36 = 0$ 的解的集合.

解:(1) 设所有小于 5 的自然数构成的集合是 A,则 $A = \{0,1,2,3,4\}$.

(2) 设由会计的基本要素构成的集合是 B,则 $B = \{$资产,负债,所有者权益,收入,费用,利润$\}$.

(3) 设所有小于 100 的正奇数所构成的集合是 C,则 $C = \{1,3,5,7,\cdots,99\}$.

(4) 方程 $x^2 - 5x - 36 = 0$ 解的集合为 $\{-4,9\}$.

用列举法表示一些具有规律性的元素的集合时,集合中的元素可以用省略号表示.

(2) 描述法.

把集合中元素的公共属性或元素的规律描述出来,写在大括号内表示集合的方法叫做**描述法**.

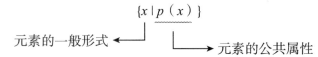

$$\{x \mid p(x)\}$$

元素的一般形式 ←————————→ 元素的公共属性

例如，由所有大于 0 而小于 1 的实数组成的集合可以表示为 $\{x\mid 0<x<1\}$；又如，不等式 $x+3>0$ 的解集可以表示为 $\{x\mid x>-3\}$.

例 1 - 2 用描述法表示下列集合：

（1）由所有的统计报表组成的集合.

（2）由所有正奇数组成的集合.

（3）由满足不等式 $2<x<3$ 所有实数解组成的集合.

（4）满足方程 $2x+3y=0$ 所有解组成的集合.

解：（1）设由所有的统计报表组成的集合为 A，则 $A=\{$统计报表$\}$.

（2）设所有正奇数组成的集合为 B，则 $B=\{$正奇数$\}$.

（3）设由满足不等式 $2<x<3$ 所有实数解组成的集合为 C，则 $C=\{x\mid 2<x<3\}$.

（4）满足方程 $2x+3y=0$ 的解 x 和 y 可以用有序实数对 (x,y) 表示，设满足方程 $2x+3y=0$ 所有解组成的集合为 D，则 $D=\{(x,y)\mid 2x+3y=0\}$.

3. 元素与集合的关系

如果 a 是集合 A 的元素，就说 a **属于**集合 A，记作 "$a\in A$"；

如果 a 不是集合 A 的元素，就说 a **不属于**集合 A，记作 "$a\notin A$".

观察元素 3、5、8 与集合 $\{1,3,4,5,7\}$ 的关系如何？

设 $A=\{1,3,4,5,7\}$，则 $3\in A$；$5\in A$；$8\notin A$.

例 1 - 3 用符号 $\in$ 和 $\notin$ 来填空：

（1）1 _____ N　（2）0 _____ Q　（3）-3 _____ Z　（4）3.14 _____ Q

（5）0 _____ N　（6）$\sqrt{2}$ _____ Q　（7）$\sqrt{2}$ _____ R　（8）$-\sqrt{2}$ _____ Z

解：（1）$1\in N$　（2）$0\in Q$　（3）$-3\in Z$　（4）$3.14\in Q$

（5）$0\in N$　（6）$\sqrt{2}\notin Q$　（7）$\sqrt{2}\in R$　（8）$-\sqrt{2}\notin Z$

例 1 - 4 已知 $a=\dfrac{3}{4}$，集合 $B=\{x\mid x\leqslant\sqrt{2}\}$，判断 a 与 B 的关系？

解：由 $a=\dfrac{3}{4}<\sqrt{2}$，所以，$a\in B$.

注意： 对于一个给定的集合，集合中的元素是确定的、互异的、无序的.

（1）集合中的元素是确定的. 例如，由所有小于 5 的自然数构成的集合. 集合中的元素是：0，1，2，3，4.

（2）集合中的元素是互异的，即同一集合中的元素是没有重复现象的. 例如集合 $\{1,1,2,2,3,3\}$ 应记作 $\{1,2,3\}$.

（3）集合中的元素是无序的. 用列举法表示集合时，不必考虑元素之间的顺序. 例如，由三个元素 1，2，3 组成的集合可以表示为：$\{1,2,3\}$，$\{2,3,1\}$ 或 $\{3,1,2\}$.

4. 集合的分类

含有有限个元素的集合叫做**有限集**；含有无限个元素的集合叫做**无限集**．不含任何元素的集合叫做**空集**，记作∅．至少含有一个元素的集合叫做**非空集合**．如：$\{1,2,3\}$所表示的集合是有限集，其中含有三个元素；

$\{x\,|\,2<x<3\}$所表示的集合是无限集，其中含有无数个元素；

在实数范围内，方程$x^2+1=0$无解，它的解集是一个空集∅．

注意：∅与$\{0\}$是意义完全不同的两个集合：∅是空集，它表示不包含任何元素的集合；而$\{0\}$它表示只含有一个元素0的单元素集合．所以$0\in\{0\}$；$0\notin\varnothing$．

想一想

练习1.1.1

练一练

1. 用列举法表示下列集合：

（1）大于3小于15的偶数构成的集合．

（2）方程$(x-2)(x-3)=0$的实数根所构成的集合．

（3）中国四大银行所构成的集合．

（4）方程$x^2-2x-3=0$的解所构成的集合．

2. 用描述法表示下列集合：

（1）由所有大于2而小于7的实数构成的集合．

（2）所有大于-1而小于8的整数构成的集合．

（3）所有家具企业构成的集合．

（4）所有正偶数构成的集合．

（5）能被5整除的所有实数构成的集合．

3. 用适当的符号填空：

（1）0 _____ $\{0\}$，0 _____ N_+ （2）-2 _____ $\{x\,|\,|x|=2\}$，3 _____ $\{x\,|\,x^3=27\}$

（3）0 _____ ∅ （4）$\sqrt{2}$ _____ Z，$\dfrac{1}{2}$ _____ Q （5）4 _____ $\{1,2,3\}$

（6）c _____ $\{a,b\}$ （7）π _____ R

1.1.2 集合与集合的关系

学习目标：

（1）理解集合的子集、真子集、集合相等的概念；（2）掌握子集、真子集、集合相等的表示符号；（3）会正确判断两个集合之间的关系．

1. 子集

什么叫做子集呢?

设 A、B 为集合,如果 A 中的每一个元素都是 B 中的元素,那么集合 A 叫做集合 B 的**子集**,记作 $A \subseteq B$ 或 $B \supseteq A$,读作 "A 包含于 B" 或 "B 包含 A".

例如,集合 $M = \{1,2\}$、集合 $G = \{1,2,4,5\}$ 与 $P = \{1,2,4,5\}$,显然集合 M 和 G 的每一个元素都是集合 P 的元素,所以集合 M 和 G 都是集合 P 的子集,记作 $M \subseteq P$,$G \subseteq P$ 或 $P \supseteq M$,$P \supseteq G$. 又如,整数集 Z 是有理数集 Q 的子集,即 $Z \subseteq Q$;有理数集 Q 是实数集 R 的子集,即 $Q \subseteq R$. 为了直观地表示集合的子集关系,我们可以用文氏图来表示这种关系,见图 $1-1$.

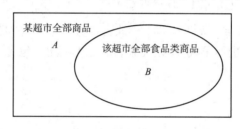

某超市全部商品
A
该超市全部食品类商品
B

图 1 - 1

其中,集合 A 表示超市的全部商品,集合 B 表示该超市中全部食品类的商品,这样,集合 B 是集合 A 的子集,记作 $B \subseteq A$.

一般地,一个含有 n 个元素的集合共有 2^n 个子集.

例如,集合 $A = \{1\}$ 有 $\varnothing$ 和 $\{1\}$ 两个子集;集合 $B = \{1,2\}$ 有 $\varnothing$、$\{1\}$、$\{2\}$ 和 $\{1,2\}$ 四个子集.

任何一个集合都是它本身的一个子集,即 $A \subseteq A$. 同时我们规定,空集是任何集合 A 的子集,即 $\varnothing \subseteq A$.

例 1 - 5 写出满足 $\{0,2\} \subseteq A \subseteq \{0,1,2,3\}$ 的所有集合 A.

解:满足条件的集合 A 有四个,它们分别是:$\{0,2\}$,$\{0,1,2\}$,$\{0,2,3\}$,$\{0,1,2,3\}$.

2. 真子集

如果集合 A 是集合 B 的子集,并且集合 B 中至少有一个元素不属于集合 A,那么集合 A 叫做集合 B 的**真子集**,记作 $A \subsetneqq B$ 或 $B \supsetneqq A$,读作 "A 真包含于 B" 或 "B 真包含 A".

例如,集合 $A = \{1,2\}$ 与集合 $B = \{1,2,3\}$,显然集合 A 中的每一个元素都是集合 B 的元素,且集合 B 中有一个元素 3 不属于集合 A,所以集合 A 是集合 B 的真子集,记作 $A \subsetneqq B$. 即 $\{1,2\} \subsetneqq \{1, 2, 3\}$. 又如,$N_+ \subsetneqq N \subsetneqq Z \subsetneqq Q \subsetneqq R$.

注意：空集是任何非空集合的真子集，即对任何非空集合A，必有$\varnothing \subsetneqq A$.

当集合A不包含于集合B，或集合B不包含集合A时，记作$A \nsubseteq B$或$B \nsupseteq A$. 例如，集合$A = \{a,b,c\}$，集合$B = \{e,d,f\}$，则$A \nsubseteq B$或$B \nsupseteq A$.

例1-6 写出集合$A = \{a, b, c\}$的所有子集，并指出其中哪些是它的真子集.

解： 由子集的定义知，$A = \{a,b,c\}$的所有子集包括有：空集$\varnothing$；由A中取一个元素组成的集合：$\{a\}$、$\{b\}$、$\{c\}$；由A中取两个元素组成的集合：$\{a,b\}$、$\{a,c\}$、$\{b,c\}$和由A中取三个元素组成的集合$\{a,b,c\}$. 除了$\{a,b,c\}$以外，其余7个集合都是它的真子集.

集合$A = \{1\}$的真子集只有$\varnothing$（空集）这一个；集合$B = \{1,2\}$的真子集有$\varnothing$、$\{1\}$、$\{2\}$这三个.

一般地，**任何一个有n个元素的非空集合共有$2^n - 1$个真子集.**

例1-7 已知集合$A = \{x \mid x < \sqrt{15}\}$，$a = 3$，判断下列哪个是正确的关系？

A. $a \notin A$　　B. $\{a\} \in A$　　C. $a \subseteq A$　　D. $\{a\} \subseteq A$

解： 由$3 < \sqrt{15}$　$\therefore$　$3 \in \{x \mid x < \sqrt{15}\}$　故A不正确. $\{a\}$是集合，集合与集合之间不能用属于关系表示，故B也不正确. a是元素，a与A不能用包含关系表示，故C也不正确. 因此，D正确.

3. 集合相等

对于两个集合A、B，如果集合A中的任何一个元素都是集合B中的元素，同时集合B中的任何一个元素都是集合A中的元素，这时，我们就说集合A与集合B**相等**. 记作$A = B$.

两个集合相等就表示这两个集合的元素完全相同.

例如，$\{-1,0,3,2\} = \{3,2,-1,0\}$；$\{a,b,c,d\} = \{b,c,a,d\}$.

例1-8 设集合$A = \{x \mid x^2 - 9 = 0\}$，集合$B = \{3, -3\}$，说出集合$A$与集合$B$的关系.

解： 方程$x^2 - 9 = 0$的所有解是$x_1 = -3$，$x_2 = 3$，因此，$A = \{-3,3\}$；而$B = \{3, -3\}$，由于两个集合的元素完全相同，所以$A = B$.

想一想

练习1.1.2

练一练

1. 选择题

（1）下列语句中，能确定一个集合的是（　　　）.

A. 学习好的同学

B. 我校财经专业部一年级全体学生

C. 一切很厚的书

D. 一年级所有高个子男生

（2）下列四个集合中，表示空集的是（　　）.

A. $\{x \mid x+2=2\}$
B. $\{x \mid \mid x \mid < 0\}$

C. $\{x \mid x^2+x-1=0\}$
D. $\{x \mid x^2 \leqslant 0\}$

（3）集合 $\{a, b, c\}$ 的真子集有（　　）个.

A. 7
B. 8

C. 9
D. 10

（4）＊若 $\{1\} \subseteq A \subseteq \{1,2,3,5\}$，则满足条件的集合 A 的个数是（　　）.

A. 9
B. 8

C. 6
D. 4

（5）以下六个关系式：$0 \in \{0\}$；$\{0\} \supseteq \varnothing$；$0.3 \notin Q$；$0 \in N$；$\{a,b\} \subsetneqq \{b,a\}$；$\{x \mid x^2-2=0, x \in Z\} = \Phi$，错误的有（　　）个.

A. 4
B. 3

C. 2
D. 1

2. 写出下列集合的所有子集，并指出其中哪些是它们的真子集.

（1）$\{a, b\}$
（2）$\{1, 2, 3\}$

3. 设集合 $A = \{x \mid x^2-3x+2=0\}$，集合 $B = \{1,2\}$，集合 $C = \{2\}$，说出集合 A、集合 B、集合 C 之间的关系.

4. 写出满足 $\{0,3\} \subseteq A \subseteq \{0,1,2,3,4\}$ 的所有集合 A.

1.1.3　集合的运算

学习目标：
（1）理解集合的交集、并集、补集的概念；（2）掌握交集、并集、补集的表示符号；（3）掌握交集、并集、补集的运算.

1. 交集

由既属于集合 A 又属于集合 B 的一切元素所组成的集合，叫做 A 与 B 的**交集**，记作 $A \cap B$，读作"A 交 B"，即 $A \cap B = \{x \mid x \in A \text{ 且 } x \in B\}$，求交集的运算叫做**交运算**.

例1-9　设集合 $A = \{1,2,3,4\}$，$B = \{5,6,3,4\}$，求 $A \cap B$.

解：$A \cap B = \{1,2,3,4\} \cap \{5,6,3,4\} = \{3,4\}$.

例 1—10 设集合 $A = \{1,3,5,7,9\}$，$B = \{2,4,6,8\}$，求 $A \cap B$.

解：因为集合 A 与集合 B 没有相同的元素，所以 $A \cap B = \varnothing$.

例 1—11 设集合 $A = \{x \mid x > 0\}$；$B = \{x \mid x \leqslant 3\}$，求 $A \cap B$，并在数轴上表示.

解：$A \cap B = \{x \mid x > 0\} \cap \{x \mid x \leqslant 3\} = \{x \mid x > 0$ 且 $x \leqslant 3\} = \{x \mid 0 < x \leqslant 3\}$.

图 1—2 中的阴影部分表示 $A \cap B$ 的运算结果：

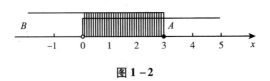

图 1—2

集合 A 与 B 的交运算用"文氏图"表述有四种情况（见图 1—3），阴影部分表示 $A \cap B$：

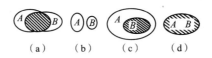

（a）　　　（b）　　　（c）　　　（d）

图 1—3

图 1—3（b）表明：$A \cap B = \varnothing$.

由交集的定义可知，对于任意集合 A、B，有 $A \cap B = B \cap A$，$A \cap B \subseteq A$，$A \cap B \subseteq B$.

特别地，$A \cap A = A$；$A \cap \varnothing = \varnothing$；$(A \cap B) \cap C = A \cap (B \cap C)$.

例 1—12 已知集合 $A = \{x \mid -1 < x < 4\}$，$B = \{x \mid -2 < x < 3\}$，求 $A \cap B$.

解：$A \cap B = \{x \mid -1 < x < 4\} \cap \{x \mid -2 < x < 3\} = \{x \mid -1 < x < 3\}$

2. 并集

由属于集合 A 或属于集合 B 的所有元素所组成的集合，叫做集合 A 与 B 的**并集**，记作 $A \cup B$，读作"A 并 B"，即：$A \cup B = \{x \mid x \in A$ 或 $x \in B\}$，求并集的运算叫做**并运算**.

例 1—13 设集合 $A = \{-2,1,2,3\}$，$B = \{-1,0,2,3\}$，求 $A \cup B$.

解：$A \cup B = \{-2,1,2,3\} \cup \{-1,0,2,3\} = \{-2,-1,0,1,2,3\}$.

例 1—14 设集合 $A = \{1,2,3\}$，$B = \{3,4,5,6\}$，$C = \{1,4,7\}$，求：

(1) $(A \cup B) \cup C$；　　　　　(2) $A \cup (B \cup C)$；　　　　　(3) $A \cup (B \cap C)$.

解：(1) $(A \cup B) \cup C = (\{1,2,3\} \cup \{3,4,5,6\}) \cup \{1,4,7\}$

$= \{1,2,3,4,5,6\} \cup \{1,4,7\} = \{1,2,3,4,5,6,7\}$.

(2) $A \cup (B \cup C) = \{1,2,3\} \cup (\{3,4,5,6\} \cup \{1,4,7\}) = \{1,2,3\} \cup \{1,3,4,5,6,7\}$

$= \{1,2,3,4,5,6,7\}$.

(3) $A \cup (B \cap C) = \{1,2,3\} \cup (\{3,4,5,6\} \cap \{1,4,7\}) = \{1,2,3\} \cup \{4\} = \{1,2,3,4\}$.

集合 A 与 B 的并运算用"文氏图"表述有四种情况（见图 1—4），阴影部分表示 $A \cup B$：

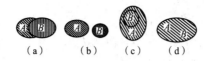

图 1-4

由并集的定义可知，对于任意集合 A，B，有：$A \cup B = B \cup A$；$A \subseteq A \cup B$；$B \subseteq A \cup B$.
特别地：$A \cup A = A$；$A \cup \varnothing = A$；$(A \cup B) \cup C = A \cup (B \cup C)$.

例 1-15 已知集合 $A = \{x \mid -1 < x < 4\}$，$B = \{x \mid -2 < x < 3\}$（见图 1-5），求 $A \cup B$.

解： $A \cup B = \{x \mid -1 < x < 4\} \cup \{x \mid -2 < x < 3\} = \{x \mid -2 < x < 4\}$.

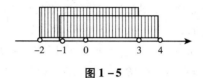

图 1-5

例 1-16 设集合 $A = \{x \mid x \geqslant -2\}$，$B = \{x \mid x < 3\}$，见图 1-6，求 $A \cup B$，并在数轴上表示.

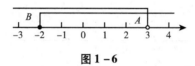

图 1-6

解： $A \cup B = \{x \mid x \geqslant -2\} \cup \{x \mid x < 3\} = \{x \mid x \geqslant -2 \text{ 或 } x < 3\} = R$. 如图 1-6 所示.

3. 全集与补集

在研究集合与集合之间的关系时，常常取定一个集合，使得所讨论的集合都是这个集合的子集，这个取定的集合叫做全集，常用符号 U 表示.

例如，我们在实数范围内讨论问题时，常常把实数集看做是全集，那么有理数集、无理数集都是全集的子集.

设 U 是全集，A 是 U 的一个子集（即 $A \subseteq U$），则由 U 中所有不属于 A 的元素组成的集合，叫做 A 在 U 中的补集，记作 $C_U A$，读作"A 补"，即 $C_U A = \{x \mid x \in U, \text{且} x \notin A\}$.

> 注意：求一个集合的补集时，必须先确定所取的全集. 因为对于同一集合 A，由于所取的全集不同，它的补集是不同的.

如：设 $A = \{1, 2, 3\}$，取 $U = \{1, 2, 3, 4, 5\}$ 时，则 $C_U A = \{4, 5\}$；若取 $U = \{1, 2, 3, 6, 8, 9\}$ 时，则 $C_U A = \{6, 8, 9\}$.

例 1-17 设全集 $U = \{a, b, c, d, e, f\}$，$A = \{a, c, e\}$，$B = \{a, d\}$，求 $C_U A$、$C_U B$、$C_U A \cup$

$C_U B$、$C_U A \cap C_U B$

解：$C_U A = \{b,d,f\}$； $C_U B = \{b,c,e,f\}$；

$C_U A \cup C_U B = \{b,d,f\} \cup \{b,c,e,f\} = \{b,c,d,e,f\}$；

$C_U A \cap C_U B = \{b,d,f\} \cap \{b,c,e,f\} = \{b,f\}$；

集合 A 的补集如图 1-7 阴影部分所示.

图 1-7

由补集的定义可知，$A \cup C_U A = U$；$A \cap C_U A = \varnothing$；$C_U(C_U A) = A$.

在例 1 中，因为 $A \cap B = \{a,c,e\} \cap \{a,d\} = \{a\}$，所以，$C_U(A \cap B) = \{b,c,d,e,f\}$；

又因为 $A \cup B = \{a,c,e\} \cup \{a,d\} = \{a,c,d,e\}$，所以 $C_U(A \cup B) = \{b,f\}$.

由此例可见，$\boldsymbol{C_U(A \cap B) = C_U A \cup C_U B}$；$\boldsymbol{C_U(A \cup B) = C_U A \cap C_U B}$.

例 1-18   已知 $U = R, A = \{x \mid x \geqslant 0\}, B = \{x \mid x < 2\}$，求 $C_U A$、$C_U B$，并在数轴上画出集合 $C_U A$ 与 $C_U B$.

解：$C_U A = \{x \mid x < 0\}$；$C_U B = \{x \mid x \geqslant 2\}$. 如图 1-8 所示.

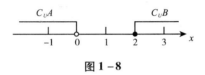

图 1-8

想一想

练习 1.1.3

练一练

1. 填空题.

（1）若集合 $A = \{1,3,4,5\}, B = \{1,6,8\}, C = \{3,7,8,9\}$，则 $(A \cup B) \cup C = $ _____.

（2）设集合 $A = \{x \mid 0 < x < 3\}, B = \{x \mid -2 < x < 2\}$，则 $A \cup B = $ _____；$A \cap B = $ _____.

（3）设全集 $U = \{$不大于 10 的自然数$\}$，$A = \{1,4,7\}$，$B = \{2,4,6\}$，则 $C_U A \cap C_U B = $ _____；$C_U(A \cap B)$ = _____.

（4）设全集 $U = \{x \mid -5 \leqslant x \leqslant 5\}, A = \{x \mid 2 < x < 3\}$，则 $C_U A = $ _____.

（5）已知全集 $U = R, A = \{x \mid -2 < x < 2\}, B = \{x \mid x \geqslant 1\}, C = \{x \mid 0 < x < 4\}$，则 $A \cap B \cap C = $ _____；$C_U A \cup C = $ _____.

2. 选择题.

（1）已知全集 $U = \{a,b,c,d,e\}$，集合 $A = \{b,c\}$，$C_U B = \{c,d\}$，则 $C_U A \cap B = ($ ）.

A. $\{c\}$ B. $\{b, c, d\}$

C. $\{a, c, e\}$ D. $\{a, e\}$

（2）若 $U = \{1,2,3,4\}, M = \{1,2\}, N = \{2,3\}$，则 $C_U(M \cap N) = ($ ）.

A. $\{1,3,4\}$　　　　　　　　　　B. $\{2\}$

C. $\{1,2,3\}$　　　　　　　　　　D. $\{4\}$

(3) 设 $X=\{x\,|\,x^2+x=0\}$，$Y=\{x\,|\,x^2-x=0\}$，则 $X\cup Y$ 为（　　）.

A. $\{0\}$　　　　　　　　　　B. $\varnothing$

C. $-1,0,1$　　　　　　　　D. $\{-1,0,1\}$

(4) 设 $X=\{x\,|\,x^2+x=0\}$，$Y=\{x\,|\,x^2-x=0\}$，则 $X\cap Y$ 为（　　）.

A. 0　　　　　　　　　　B. $\varnothing$

C. $\{0\}$　　　　　　　　D. $\{-1,0,1\}$

(5) 设 M、N 是两个非空数集，且 $M\neq N$，则必有（　　）.

A. $\varnothing\in M\cap N$　　　　　　B. $\varnothing\subseteq M\cap N$

C. $\varnothing=M\cap N$　　　　　　D. $\varnothing\supseteq(M\cap N)$

3. 写出满足 $A\cup\{0,1,2\}=\{0,1,2,3\}$ 的所有集合 A.

4. 设全集 $U=\{2,3,5\}$，$A=\{2,|a-5|\}$，$C_UA=\{5\}$，求 a 的值.

5. 设全集 $U=R$，$A=\{x\,|\,x<4\}$；$B=\{x\,|\,x<5\}$，求：(1) $A\cup B$；(2) $A\cap B$；(3) C_UA；C_UB；(4) $C_UA\cup C_UB$；(5) $C_UA\cap C_UB$；(6) $C_U(A\cup B)$. 并分别在数轴上表示出来.

一、填空题

1. 已知 $A=\{x\,|\,x^2-9=0\}$，$B=\{x\,|\,x-3=0\}$，则 $A\cap B=$ _____，$A\cup B=$ _____.

2. 已知 $A=\{x\,|\,x<3\}$，$B=\{x\,|\,x-5>0\}$，则 $A\cap B=$ _____，$A\cup B=$ _____.

习题1.1

3. 设全集 $U=\{1,2,3,4,5,6,7,8\}$，$A=\{1,2,3\}$，$B=\{3,4,5,6\}$，则 $C_UA=$ _____，$C_UB=$ _____.

4. 已知全集 $U=R$，$A=\{x\,|\,x\geqslant3\}$，则 $C_UA=$ _____.

5. 已知全集 $U=R$，$A=\{x\,|\,-1<x\leqslant1\}$，则 $C_UA=$ _____.

二、计算题

1. 设集合 $A=\{a,b,c,d\}$，$B=\{c,d,e\}$，$C=\{a,c,e,f\}$，求 $A\cup B$；$A\cap B$；$A\cap(B\cup C)$；$A\cup(B\cap C)$.

2. 设集合 $A=\{x\,|\,0\leqslant x<3\}$，$B=\{x\,|\,1<x\leqslant4\}$，求 $A\cup B$；$A\cap B$.

3. 设集合 $A=\{x\,|\,x<1\}$，$B=\{x\,|\,x\geqslant-2\}$，$C=\{x|x\leqslant-1\}$ 求 $A\cup B$；$A\cap B$；$A\cap(B\cup C)$；$A\cup(B\cap C)$，并在数轴上表示.

4. 设全集 $U=\{0,1,2,3,4,5,6,7,8,9,10\}$，$A=\{1,3,5,7\}$，$B=\{2,4,6,8\}$，求 C_UA；C_UB；$C_UA\cup C_UB$；$C_UA\cap C_UB$；$C_U(A\cap B)$；$C_U(A\cup B)$.

5. 设全集 $U=R$，$A=\{x\,|\,x\leqslant-2\}$，$B=\{x\,|\,x>1\}$，求 C_UA；C_UB；$C_U(A\cap B)$；$C_U(A\cup B)$.

6. 已知集合 $M=\{x\,|\,mx+n=3\}$，$N=\{x\,|\,m-nx^2=7\}$，若 $M\cap N=\{1\}$，试求 m，n 的值.

7. 已知 $A=\{x\,|\,2x^2+x+m=0\}$，$B=\{x\,|\,2x^2+nx+2=0\}$，且 $A\cap B=\{\frac{1}{2}\}$，求 $A\cup B$.

8. 已知：$\{a,b\}\subset B\subseteq\{a,b,c,d\}$，写出满足条件的所有集合 B.

§1.2 充分条件、必要条件、充要条件

1.2.1 命题

1. 命题的基本概念

能唯一地判断真假的陈述句（包括用式子表示的陈述句）叫做**命题**.

如: (1) $3 > 2$; (2) $2 + 3 = 7$; (3) 一组对边平行且相等的四边形是平行四边形.

以上三个陈述句都是命题. 正确的命题叫做**真命题**, 错误的命题叫做**假命题**. 上例中的 (1) 是真命题; (2) 是假命题; (3) 是真命题.

一个命题要么是真的, 要么是假的, 不能既真又假.

如: (1) 祝你健康! (2) 你会说英语吗? (3) 你快离开这里! (4) $4x - 5y$.

以上都不是命题, 因为它们是感叹句、疑问句、祈使句和代数式而不是陈述句.

注意: 语句 "$x > 3$" 不是命题. 因为当 $x = 4$, "$x > 3$" 是真的, 如果 $x = 2$, "$x > 3$" 是假的, 所以不能唯一判断 "$x > 3$" 的真假, 因此它不是命题.

在数学中最常见的是含有变量的语句, 通常叫做**条件命题**. 在条件命题前, 加上含有量词的语句, 往往就可使其变为可判断真假的命题.

例如, "存在一个数 x, 使 $x - 1 = 0$" 就是一个真命题. 而 "对于任意实数 x, $x - 1 = 0$" 是一个假命题.

"存在" 和 "任意", 就是两个常用的量词, 加到条件命题前面, 就可使开句变为可判断真假的命题.

2. 命题的表示

命题通常用小写字母 p, q, r, … 表示. 如 p: $4 > 3$ 意思是 p 表示命题 "$4 > 3$".

例 1 – 19 判断下列命题的真假.

(1) -2.4 不是有理数;　　　　(2) $\sqrt{3}$ 是有理数;　　　　(3) $x < 5$.

解: (1) p: -2.4 不是有理数, 是假命题.

(2) q: $\sqrt{3}$ 是有理数, 是假命题.

(3) g: $x < 5$ 不是命题, 因为当 $x = 4$ 时, $x < 5$ 是真命题; 当 $x = 6$ 时, $x < 5$ 是假命题. 因此, 无法唯一判断其真假, 故 $x < 5$ 不是命题.

例 1 – 20 判断下列命题的真假.

（1）对任意实数 x，$x^3 > 0$；　　　（2）存在一个实数 x，使 $(x-1)^2 + 1 \geq 1$.

解：（1）r：对任意实数 x，$x^3 > 0$，是假命题；（2）s：存在一个实数 x，使 $(x-1)^2 + 1 \geq 1$，是真命题.

1. 判断下列语句或式子是不是命题：

（1）今天会下雨吗？

（2）《基础会计》是会计专业必修课程.

（3）等边三角形的三个内角相等.

（4）$45 - 39 = 16$.

（5）$4 \times 5 + 6 \times 3 - 7$.

（6）$a \in \{a\}$.

（7）$\{1, 2, 3\} \cap \{2, 3, 4\} = \{2, 3\}$.

（8）$x - 1 = 0$.

2. 判断下列命题的真假：

（1）空集是任何集合的子集.

（2）$\sqrt{25}$ 是无理数.

（3）$\{1, 3, 5\} \in \{1, 2, 3, 4, 5\}$.

（4）$\{2, 3\} \subseteq \{1, 2, 3, 4\}$.

（5）对任意实数 x，$x^2 - 2x + 1 \geq 0$.

1.2.2　充分条件、必要条件与充要条件

学习目标：

（1）掌握"如果…，那么…"的命题的表示及真假表值；

（2）会判断命题是否是充分条件、必要条件还是充要条件.

1. "如果…，那么…"的条件命题

（1）连接词"如果…，那么…"可以连接简单命题 p 和 q 而构成复合命题："如果 p，那么 q"，记作 $p \Rightarrow q$. 例如：命题 p：$x = 2$；命题 q：$x^2 = 4$；则命题 $p \Rightarrow q$：如果 $x = 2$，那么 $x^2 = 4$.

（2）符号"$p \Rightarrow q$"读作"若 p，则 q".

（3）用 p，q 构成的复合命题"$p \Rightarrow q$"的真假的判断.

一般地，当 p 为真且 q 为假时，复合命题 $p \Rightarrow q$ 为假；而在其余情况，复合命题 $p \Rightarrow q$ 都为真. $p \Rightarrow q$ 的真值表如下：

p	q	$p \Rightarrow q$
真	真	真
真	假	假
假	真	真
假	假	真

例 1-21 设 p，q 分别表示下列命题，写出命题 $p \Rightarrow q$，且判断命题 $p \Rightarrow q$ 的真假.

(1) p：$x-1=0$，q：$x^2-1=0$；(2) p：a 是整数，q：a 是自然数.

解：(1) $p \Rightarrow q$：如果 $x-1=0$，那么 $x^2-1=0$. 是真命题.

(2) $p \Rightarrow q$：如果 a 是整数，那么 a 是自然数. 是假命题.

例 1-22 已知下列命题，试写出"如果…，那么…"的新命题，并判断其真假.

(1) p：$2=3$ q：$4=5$

(2) r：实数 $x \neq 0$ t：$x^2 \leq 0$

解：(1) $p \Rightarrow q$：如果 $2=3$，那么 $4=5$.

因为命题 p：$2=3$ 是假命题，命题 q：$4=5$ 也是假命题，根据 $p \Rightarrow q$ 的真值表，可知 $p \Rightarrow q$ 是真命题.

(2) $r \Rightarrow t$：如果实数 $x \neq 0$，那么 $x^2 \leq 0$.

当 $x \neq 0$ 时，$x^2 \leq 0$ 是假命题，根据真值表，可知 $r \Rightarrow t$ 是假命题.

2. 充分条件、必要条件、充要条件

设 p，q 是两个命题，当命题 $p \Rightarrow q$ 为真命题时，我们就称 p 是 q 的**充分条件**，q 是 p 的**必要条件**.

例如：

(1)"如果 $x=2$，那么 $x^2=4$"是真命题，这个命题还可表述为"$x=2 \Rightarrow x^2=4$"，它是真命题；则称 $x=2$ 是 $x^2=4$ 的充分条件，$x^2=4$ 是 $x=2$ 的必要条件.

(2)"如果四边形的对边平行且相等，那么四边形是平行四边形."是真命题，这个命题还可表述为"四边形的对边平行且相等 $\Rightarrow$ 四边形是平行四边形"，它是真命题；此时称"四边形的对边平行且相等"是"四边形是平行四边形"的充分条件，"四边形是平行四边形"是"四边形的对边平行且相等"的必要条件.

一般地，如果 $p \Rightarrow q$ 为真命题，且 $q \Rightarrow p$ 也为真命题，那么我们就说，p 是 q 的充分且必要条件，简称**充要条件**，记作 $p \Leftrightarrow q$.

显然，如果 p 是 q 的充要条件，那么 q 也是 p 的充要条件. P 是 q 的充要条件，又常说成：q 当且仅当 p 或 p 与 q 等价.

例 1-23 指出下列各组命题中 p、q 是否互为充要条件.

(1) p：$a=0$，q：$a^2=0$.

(2) p：$x=3$，q：$x^2-5x+6=0$.

(3) p：$x=2$ 或 $x=3$，q：$x^2-5x+6=0$.

解：(1) 因为"$a=0$" $\Rightarrow$ "$a^2=0$" 为真命题，且"$a^2=0$" $\Rightarrow$ "$a=0$" 也为真命题，

所以"$a=0$"$\Rightarrow$"$a^2=0$"，命题 p 和命题 q 互为充要条件.

（2）因为"$x=3$"$\Rightarrow$"$x^2-5x+6=0$"为真命题，且"$x^2-5x+6=0$"$\Rightarrow$"$x=3$"为假命题，所以命题 p 是命题 q 的充分条件，但不是必要条件.

（3）因为"$x=2$ 或 $x=3$"$\Rightarrow$"$x^2-5x+6=0$"为真命题，且"$x^2-5x+6=0$"$\Rightarrow$"$x=2$ 或 $x=3$"也为真命题，所以命题 p 与命题 q 互为充要条件.

例 1-24 在下列各题中，p 是 q 的什么条件？

（1）p：一元二次方程的判别式 $b^2-4ac>0$，q：一元二次方程 $ax^2+bx+c=0$ 有两个不相等的实根；

（2）p：$a=-b$，q：$a^2=b^2$.

解：（1）由一元二次方程的求根公式知道：如果 $b^2-4ac>0$，那么一元二次方程有两个不相等的实根. 因此 $p\Rightarrow q$ 也是真命题. 如果一元二次方程有两个不相等的实根，那么 $b^2-4ac>0$. 因此 $q\Rightarrow p$ 也是真命题. 因此，命题 p 是命题 q 的充分必要条件，也可以说：p 与 q 互为充要条件.

（2）如果 $a=-b$，显然有 $a^2=b^2$，因此，$p\Rightarrow q$ 为真. 所以 $a=-b$ 是 $a^2=b^2$ 的充分条件，$a^2=b^2$ 是 $a=-b$ 的必要条件.

由于 $2^2=(-2)^2$，但是 $2\neq(-2)$，因此，$q\Rightarrow p$ 为假. 所以，p 是 q 的充分条件，但不是必要条件.

---

1. 设 p，q 分别表示下列命题，写出命题 $p\Rightarrow q$，且判断 $p\Rightarrow q$ 的真假.

（1）p：$a=2$，　q：$a^3=8$.

（2）p：$a\neq0$ 且 $b\neq0$，q：$ab\neq0$.

（3）p：$x=1$ 或 $x=2$，q：$x^2-3x+2=0$.

2. 在下列各组命题中，试判断 p 是 q 的什么（充分、必要、充要）条件？

（1）p：$a=b$，q：$a^2=b^2$.

（2）p：三角形 ABC 的三个内角相等，q：三角形 ABC 是等边三角形.

（3）p：$a=0$，q：$a^2=0$.

（4）p：$x^2-2x-3=0$，q：$x=3$ 或 $x=-1$.

3. 下列各小题中，命题 q 是不是 p 的充分必要条件？说出理由.

（1）p：$(x+5)(x-7)=0$，q：$x=-5$ 或 $x=7$.

（2）p：$(a+3)2+(b-5)2=0$，其中 a、b 是实数，q：$a=-3$ 且 $b=5$.

一、选择题

1. 下列四个句子中不是命题的是（　　　）.

A. 4 乘 3 等于 12　　　　　　B. $\sqrt{2}$ 是有理数

C. 你喜欢数学吗？　　　　　　D. $4+5=9$

2. 下列四个命题中哪个为假命题的是（　　　）.

A. 空集是任意一个集合的子集　　　　B. 空集是任意一个集合的真子集

C. 任何一个实数的平方都是非负数　　D. $3^2 = 9$

3. 下列四个命题中是真命题的是（　　）.

A. 如果 $a^2 = b^2$，那么 $a = b$　　　　B. 如果 $|a| = |b|$，那么 $a = b$

C. 如果 $ab = 0$，那么 $a = 0$　　　　D. 如果 $a^2 = -b^2$，那么 $a = 0$ 且 $b = 0$

4. 下列四个命题中是假命题的是（　　）.

A. 如果一个人是会计专业的学生，那么他要学习会计

B. 如果一个人要学习会计，那么他是会计专业的学生

C. 如果 $a = 3$ 或 $a = -3$，那么 $\sqrt{a^2} = 3$

D. 如果 $\sqrt{a^2} = 3$，那么 $a = 3$ 或 $a = -3$

5. $x^2 = 36$ 的充分必要条件是（　　）.

A. $x = -6$　　　　　　　　　　　B. $x = 6$

C. $x = 6$ 或 $x = -6$　　　　　　　D. $x = 6$ 且 $x = -6$

6. "$x = -6$" 是 "$x^2 = 36$" 的（　　）.

A. 必要条件　　　　　　　　　　　B. 充分条件

C. 不充分也不必要条件　　　　　　　D. 充要条件

7. "$x^2 = 36$" 是 "$x = -6$" 的（　　）.

A. 必要条件　　　　　　　　　　　B. 充分条件

C. 不充分也不必要条件　　　　　　　D. 充要条件

二、填空题（用充分条件、必要条件或充分必要条件）

1. a 为整数是 a 为有理数的_____.

2. a 为有理数是 a 为整数的_____.

3. $a^2 = 81$ 是 $a = 9$ 或 $a = -9$ 的_____.

4. $x^2 \neq 64$ 是 $x \neq -8$ 且 $x \neq 8$ 的_____.

5. $x^2 - 4 = 0$ 是 $x = 2$ 的_____.

6. $A \cup B = B$ 是 $A = \varnothing$ 的_____.

三、设 p, q 分别表示下列命题，请写出命题 $p \Rightarrow q$，并判断 p 是 q 的充分条件、必要条件还是充要条件？

1. $p: x^2 + (y-1)^2 = 0$，$q: x = 0$ 且 $y = 1$.

2. $p:$ 平行四边形的对角线相等，$q:$ 平行四边形是矩形.

3. $p: x^2 = y^2$，$q: x = y$.

4. $p: x > 2$，$q: x > 5$.

四、判断下列命题的真假

1. $x > 2$ 是 $x > 1$ 的必要条件.

2. $ab = 0$ 是 "$a = 0$ 或 $b = 0$" 的充分条件.

3. 内角都为 $60°$ 是三角形为正三角形的充要条件.

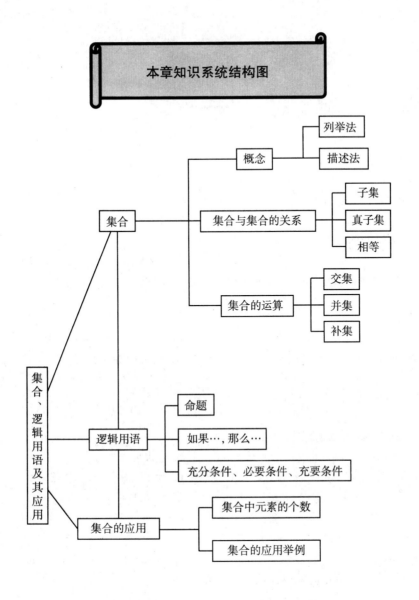

本章知识系统结构图

考一考

复习题

一、选择题

1. 下列各数中，属于集合 $\{x \mid x^2-2x-3=0\}$ 中的元素的是（　　）.

　　A. 0　　　　　　　B. 1　　　　　　　C. 2　　　　　　　D. 3

2. 下列关系中，正确的是（　　）.

　　A. $Z \in Q$　　　　B. $(2,1) \in \{(2,1)\}$　　　　C. $N \notin R$　　　　D. $2 \in \{(2,1)\}$

3. 已知集合 $M = \{a,1\}$，$N = \{a,4\}$，且 $M \cup N = \{1,2,4\}$，则 $M \cap N = ($　　$)$.

　　A. $\varnothing$　　　　　　B. $\{4\}$　　　　　　C. $\{2\}$　　　　　　D. $\{1\}$

4. 满足条件 $M \cup \{1\} = \{1,2,3\}$ 的集合 M 的个数是（　　）.

　　A. 1　　　　　　　B. 2　　　　　　　C. 3　　　　　　　D. 4

5. 已知集合 $A = \{-1,1\}$，$B = \{x \mid mx = 1\}$，且 $A \cup B = A$，则 m 的值为（　　）.

　　A. 1　　　　　　　B. -1　　　　　　C. 1 或 -1　　　　D. 1、-1 或 0

6. 集合 $A = \{a, b, c\}$ 的真子集的个数是（　　）.

　　A. 9　　　　　　　B. 8　　　　　　　C. 7　　　　　　　D. 6

7. 适合用列举法表示集合的是（　　）.

　　A. x 轴上的点　　　　　　　　　　B. 无理数

　　C. 18 的约数　　　　　　　　　　　D. 大于 1 而小于 9 的实数

8. 设集合 $A = \{x \mid 4 < x < -1\}$，$B = \{x \mid x \leqslant -4\}$，则 $A \cap B = ($　　$)$.

　　A. $\varnothing$　　　　　　B. $\{-4\}$　　　　　　C. $\{-1\}$　　　　　　D. $\{0\}$

9. 设集合 $A = \{x \mid x \geqslant 0\}$，$B = \{x \mid x < 1\}$，则 $A \cup B = ($　　$)$.

　　A. $\{x \mid 0 \leqslant x < 1\}$　　B. $\{x \mid x \geqslant 0\}$　　C. $\{x \mid x < 1\}$　　D. R

10. 设 $A = \{a\}$，则下列各式中正确的是（　　）.

　　A. $a \in A$　　　　　B. $a = A$　　　　　C. $\varnothing \in A$　　　　D. $a \subseteq A$

11. 设全集 $U = R$，集合 $A = \{x \mid x \geqslant 0\}$，$B = \{x \mid -1 \leqslant x \leqslant 2\}$，则 $C_U A \cap B = ($　　$)$.

　　A. $\{x \mid 0 < x < 2\}$　　B. $\{x \mid -1 \leqslant x \leqslant 0\}$　　C. $\{x \mid 0 \leqslant x \leqslant 2\}$　　D. $\{x \mid -1 \leqslant x < 0\}$

12. 下列命题是假命题的是（　　）.

　　A. $3 \in \{x \mid x \leqslant 4\}$　　　　　　　　　B. $3 \geqslant 2$

　　C. $\{a, b, c\} \neq \{b, c, a\}$　　　　　　　D. 对任何实数 x 都有 $|x| \geqslant 0$

13. 设 $p: x > 2$，$q: x > 3$，则（　　）.

　　A. p 是 q 的必要条件但不充分条件　　　B. p 是 q 的充分条件但不必要条件

　　C. p 是 q 的充分条件也是必要条件　　　D. p 是 q 不充分条件也不必要条件

14. 设 a，b 为实数，则 $a^2 = b^2$ 的充分必要条件是（　　）.

　　A. $|a| = |b|$　　　　B. $a = -b$　　　　C. $a^3 = b^3$　　　　D. $a = b$

15. 已知命题 $p: \alpha$，β 是对顶角；$q: \alpha = \beta$；$r: \alpha \neq \beta$，则（　　）.

　　A. $p \Rightarrow q$ 假，$p \Rightarrow r$ 真　　B. $p \Rightarrow q$ 真，$p \Rightarrow r$ 假　　C. $q \Rightarrow p$ 真，$p \Rightarrow r$ 真　　D. $q \Rightarrow p$ 真，$p \Rightarrow r$ 假

财经应用数学基础模块

二、填空题

1. 集合 $A = \{1,2\}$ 的所有子集是_____.

2. 若 $A = \{-2, 2, 3, 4\}$，$B = \{x \mid x = t^2, t \in A\}$，用列举法表示 $B = $_____.

3. 用适当的符号填空：

(1) a _____ $\{a, b, c\}$；

(2) $\{a\}$ _____ $\{a, b, c\}$；

(3) $\{a, b, c\}$ _____ $\{b, c, a\}$；

(4) $\{x \mid x > 1\}$ _____ $\{x \mid x > 3\}$；

(5) $\{7\}$ _____ $\{x \mid x > 0\}$；

(6) $\{-2\}$ _____ $\{x \mid x > 3\}$；

(7) 集合 $B = \{x \mid x^2 + 4 = 0\}$，则 -2 _____ B；

(8) $\{x \mid x < 3 \text{ 且 } x \in N\}$ _____ $\{0, 1, 2\}$；

(9) 若 $A \subseteq B$，则 $A \cap B$ _____ A，$A \cup B$ _____ A；

(10) 若 $\{x \mid x^2 - 2x - 3 = 0\} \cap \{x \mid x^2 + ax - 6 = 0\} = \{3\}$，则实数 $a = $ _____：

4. 设全集 $U = \{1, 2, 3, 4, 5, 6, 7, 8, 9, 10\}$，$A = \{1, 2, 3, 4\}$，$B = \{3, 4, 5, 6\}$，
则 $A \cup B = $_____，$A \cap B = $_____，$C_U A = $_____，$C_U B = $_____，
$C_U A \cap C_U B = $_____，$C_U A \cup C_U B = $_____，$C_U (A \cap B) = $_____，$C_U (A \cup B) = $_____.

5. 已知全集 $U = R$，集合 $A = \{x \mid 1 \leq x \leq 5\}$，集合 $B = \{x \mid -1 < x < 2\}$，
则 $A \cup B = $_____，$A \cap B = $_____，$C_U A = $_____，$C_U B = $_____，
$C_U A \cap C_U B = $_____，$C_U A \cup C_U B = $_____，$C_U (A \cap B) = $_____，$C_U (A \cup B) = $_____.

6. 若命题 p：$\triangle ABC$ 有一个内角等于 $90°$，q：$\triangle ABC$ 是直角三角形，则 p 是 q 的_____条件.

三、设 p，q 分别表示下列命题，写出命题 $p \Rightarrow q$，且判断 $p \Rightarrow q$ 的真假.

1. p：实数 $x \neq 0$，　　q：$x^2 \leq 0$.

2. p：$a = 5$ 或 $a = -5$，q：$a^2 = 25$.

3. p：地球没有引力，q：铁球没有重量.

四、下列各题中 p 是 q 的什么条件?

1. p：$x = 3$，q：$x^2 - 8x + 15 = 0$.

2. p：$x^2 - y^2 = 0$，q：$x - y = 0$.

3. p：$x = 3$，q：$x^2 = 9$.

4. p：$|a| = 1$，q：$a = -1$.

五、解答题

1. 设 $A = \{0, 1, 2, 3, 4, 5\}$，$B = \{1, 2, 3, 6\}$，求：$A \cap B$，$A \cup B$.

2. 设全集 $U = \{$三角形$\}$，$M = \{$直角三角形$\}$，$N = \{$锐角三角形$\}$，求 $M \cup N$；$C_U M$；$C_U N$.

3. 已知 $U = R$，$A = \{x \mid -2 \leq x < 3\}$，求 $C_U A$，并将结果用区间表示.

4. 设 $U = \{x \mid x \leq 8, x \in N_+\}$，$A = \{3, 4, 5\}$，$B = \{4, 7, 8\}$，求 $C_U A$；$C_U B$；$C_U A \cap C_U B$；$C_U (A \cup B)$.

5. 已知全集 $U = R$，集合 $A = \{x \mid 1 \leq x \leq 3\}$，$B = \{x \mid -2 \leq x \leq 2\}$，$C = \{x \mid 0 \leq x \leq 5\}$.
求：$(A \cap B) \cup C$，$C_U (A \cup B) \cap C$.

6. 集合 $A = \{x \mid 2x^2 - px + q = 0\}$，$B = \{x \mid 6x^2 + (p+2)x + 5 + q = 0\}$，且 $A \cap B = \{\frac{1}{2}\}$，求 $A \cup B$.

7. 已知 $\{2, 6, x, 1\} \cap \{-2, x^2 - x, 1\} = \{1, 2\}$，求 x 的值.

失之毫厘，谬以千里
——一个小数点的失误造成的悲剧

1967 年 8 月 23 日，苏联的联盟一号宇宙飞船在返回大气层时，突然发生了恶性事故——减速降落伞无法打开。苏联中央领导研究后决定：向全国实况转播这次事故。当电视台的播音员用沉重的语调宣布，宇宙飞船在两小时后将坠毁，观众将目睹宇航员弗拉迪米·科马洛夫殉难的消息后，举国上下顿时被震撼了，人们都沉浸在巨大的悲痛之中。

在电视上，观众们看到了宇航员科马洛夫镇定自若的形象。他面带微笑地对母亲说："妈妈，您的图像我在这里看得清清楚楚，包括您头上的每根白发，您能看清我吗?""能，能看清楚。儿啊，妈妈一切都很好，你放心吧！"这时，科马洛夫的女儿也出现在电视屏幕上，她只有 12 岁。科马洛夫说："女儿，你不要哭。""我不哭……"女儿已泣不成声，但她强忍悲痛说："爸爸，你是苏联英雄，我想告诉你，英雄的女儿会像英雄那样生活的！"科马洛夫叮嘱女儿说："你学习时，要认真对待每一个小数点。联盟一号今天发生的一切，就是因为地面检查时忽略了一个小数点……"

时间一分一秒地过去了，距离宇宙飞船坠毁的时间只有 7 分钟了。科马洛夫向全国的电视观众挥挥手说："同胞们，请允许我在这茫茫的太空中与你们告别。"

即使是一个小数点的错误，也会导致永远无法弥补的悲壮告别。

古罗马的恺撒大帝有句名言："在战争中，重大事件常常就是小事所造成的后果。"换成我们中国的警句大概就是"失之毫厘，谬以千里"吧！

第2章 不等式及其应用

现实世界是丰富多彩的，反映在数量上除了等量关系外，还有不等量关系．我们考察事物，经常要进行大小、多少、轻重、长短的比较．在数学中，就要用不等式的知识来研究这类问题．不等式是数学的重要内容，是研究数量的大小关系的必备知识，是我们进一步学习数学和其他学科的基础和工具．

本章将介绍不等式的概念与性质、一元一次不等式的解法、一元一次不等式组的解法、一元二次不等式的解法、分式不等式的解法、含有绝对值的不等式的解法以及学习运用不等式解决现实生活中的一些简单的问题．

假如有这样一个问题：红苹果鞋厂产品研发部准备开发一个皮鞋新品种，预测售价500 元/双，原材料、人工等成本 285 元/双，机器、厂房、水电费等分摊折旧成本为每月45 000 元，税收为售价的 6%．试问：每月至少销售多少双这种皮鞋才能不亏损．

这类问题在经济活动中很常见，要解决它就要用到不等式的知识．

§2.1 不等式的性质与解集

2.1.1 不等式的概念与性质

学习目标：
(1) 理解不等式的有关概念；
(2) 掌握实数大小的基本性质和不等式的重要性质．

1. 不等式的基本概念

在我们日常生活中存在着很多不等量关系，例如：

（1）陈某的住房面积 $78m^2$，李某的住房面积 $85m^2$，陈某的住房面积小于李某的住房面积；

（2）某商场 10 月总收入 1 200 万元，总支出 1 000 万元，其总收入多于总支出；

（3）一箱苹果重 15kg，一箱梨重 12kg，一箱苹果比一箱梨重．

表示两个量之间大小关系的记号叫做**不等于**，常用的有："<"（读作"小于"），">"（读作"大于"），"≤"（读作"小于或等于"，也可以说是"不大于"），"≥"（读作"大于或等于"，也可以说是"不小于"），"$\neq$"（读作"不等于"）.

用不等号连结两个算式的式子叫做**不等式**. 例如 $6>2$，$a \geq b$，$x \neq 7$，$\alpha^2 + \beta^2 \leq 1$ 等都是不等式.

2. 实数的大小关系

（1）实数的运算性质与大小顺序间的关系. 我们知道，实数可以比较大小. 在数轴上，两个不同的点 A 和 B 分别表示两个不同的实数 a 和 b，如图 2-1 所示，由于数轴的箭头指向表示实数从小向大的变化方向，因此右边的点表示的数比左边的点表示的数大.

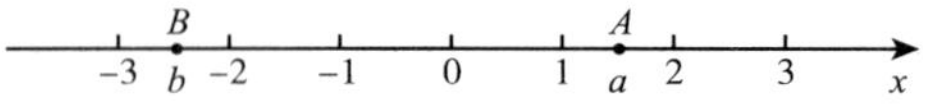

图 2-1

对于任意两个实数 a 和 b，它们具有如下的基本性质：

$$a - b > 0 \Leftrightarrow a > b$$
$$a - b = 0 \Leftrightarrow a = b$$
$$a - b < 0 \Leftrightarrow a < b$$

由此可见，利用实数的运算性质与大小顺序之间的关系，可以比较两个实数的大小. 要比较两个实数的大小，只需考察它们的差就可以了.

例 2-1 比较下列各组两个实数的大小.

（1）$\dfrac{2}{3}$，$\dfrac{5}{7}$ （2）$-\dfrac{1}{6}$，$-\dfrac{2}{5}$

解：（1）$\because \dfrac{2}{3} - \dfrac{5}{7} = \dfrac{14}{21} - \dfrac{15}{21} = -\dfrac{1}{21} < 0$ $\therefore \dfrac{2}{3} < \dfrac{5}{7}$

（2）$\because -\dfrac{1}{6} - \left(-\dfrac{2}{5}\right) = -\dfrac{5}{30} + \dfrac{12}{30} = \dfrac{7}{30} > 0$ $\therefore -\dfrac{1}{6} > -\dfrac{2}{5}$

例 2-2 已知 $x \neq 0$，比较 $(x^2 + 1)^2$ 与 $x^4 + x^2 + 1$ 大小.

解： $(x^2 + 1)^2 - (x^4 + x^2 + 1) = x^4 + 2x^2 + 1 - x^4 - x^2 - 1 = x^2$.

由 $x \neq 0$，得 $x^2 > 0$ 从而 $(x^2 + 1)^2 > (x^4 + x^2 + 1)$

（2）不等式的性质.

性质 1（对称性） 如果 $a > b$，那么 $b < a$；如果 $b < a$，那么 $a > b$.

例如，$5 > 3$ 则 $3 < 5$；$2 < 7$ 则 $7 > 2$.

性质 2（传递性） 如果 $a > b$，且 $b > c$，那么 $a > c$.

例如，$21 > 13$ 且 $13 > 9$，则 $21 > 9$.

根据性质 1，性质 2 还可以表示为：

如果 $c < b$，且 $b < a$，那么 $c < a$.

例如，$2 < 6$，$6 < 11$ 则 $2 < 11$.

性质 3（加法法则） 如果 $a > b$，那么 $a + c > b + c$.

例如，$7 > 4$，那么 $7 + 3 > 4 + 3$，$7 - 3 > 4 - 3$

性质 3 说明：不等式的两边同时加上（或减去）同一个数，不等号的方向不变.

利用性质 3 可以得出：如果 $a + b > c$，那么 $a > c - b$.

也就是说，不等式中任何一项改变符号后，可以把它从一边移到另一边.

推论 如果 $a > b$，且 $c > d$，那么 $a + c > b + d$.

例如，$7 > 4$ 且 $3 > 1$，显然有 $7 + 3 > 4 + 1$.

这一推论可以推广到有限个同向不等式两边分别相加. 这就是说，两个或者更多个同向不等式两边分别相加，所得不等式与原不等式同向.

性质 4（乘法法则）　如果 $a > b$，且 $c > 0$，那么 $ac > bc$；如果 $a > b$，且 $c < 0$，那么 $ac < bc$.

例如，$6 > 2$，显然有 $6 \times 3 > 2 \times 3$，$6 \times (-3) < 2 \times (-3)$.

性质 4 说明，如果不等式两边乘以同一个正数，那么不等号的方向不变；如果不等式两边乘以同一个负数，那么不等号的方向改变.

推论 1　如果 $a > b > 0$，$c > d > 0$，那么 $ac > bd$.

例如，$5 > 3 > 0$ 且 $4 > 2 > 0$，显然有 $5 \times 4 > 3 \times 2$.

这一推论可以推广到任意有限个两边都是正数的同向不等式两边分别相乘. 这就是说，两个或者更多个两边都是正数的同向不等式两边分别相乘，所得不等式与原不等式同向.

推论 2　如果 $a > b > 0$，那么 $a^n > b^n$（$n \in N$ 且 $n \geqslant 2$）

例如，$4 > 3 > 0$，显然有 $4^2 > 3^2$.

性质 5　如果 $a > b > 0$，那么 $\sqrt[n]{a} > \sqrt[n]{b}$（$n \in N$ 且 $n \geqslant 2$）

例如，$9 > 4 > 0$，显然有 $\sqrt{9} > \sqrt{4}$.

利用不等式的性质及推论可以证明一些不等式.

例 2-3*　已知 $a > b$，$c < d$，求证 $a - c > b - d$.

证明：由 $a > b$ 知 $a - b > 0$，由 $c < d$ 知 $d - c > 0$.
$$\because \quad (a - c) - (b - d) = (a - b) + (d - c) > 0,$$
$$\therefore \quad a - c > b - d.$$

例 2-4　已知 $a > b > 0$，$c < 0$，求证 $\dfrac{c}{a} > \dfrac{c}{b}$.

证明：$\because a > b > 0$，两边同乘以正数 $\dfrac{1}{ab}$，得 $\dfrac{1}{b} > \dfrac{1}{a}$，即 $\dfrac{1}{a} < \dfrac{1}{b}$. 又 $c < 0$，$\therefore \dfrac{c}{a} > \dfrac{c}{b}$.

---

1. 设 $a > b$，用"$<$"或"$>$"号填空：

（1）$a + 2$ _____ $b + 2$，$a - 2$ _____ $b - 2$.

（2）$5a$ _____ $5b$，$-5a$ _____ $-5b$.

2. 把下列实数按从小到大的顺序排列：

6，-3，π，$-\sqrt{2}$，$-\dfrac{1}{3}$，$-\dfrac{2}{5}$，7.

3. 比较下列各组中两个实数的大小：

（1）0，x^2　　　（2）3.14，π　　　（3）$\dfrac{2}{5}$，$\dfrac{1}{4}$

4. 用 "＞" 或 "＜" 号填空：

（1）如果 $a > b$，则 b _____ a.

（2）如果 $a > b$，则 $-a$ _____ $-b$.

（3）如果 $a < 0$，且 $b > 0$，则 ab _____ 0.

（4）如果 $a < b < 0$，且 $c > d > 0$，则 ac _____ bd.

（5）如果 $a < b$，则 $c - a$ _____ $c - b$.

（6）如果 $b > a > 0$，则 $\sqrt[n]{a}$ _____ $\sqrt[n]{b}$（$n \in N$，且 $n > 1$）.

5. 已知 $x \in R$，比较代数式 $(x+1)(x-1)$ 与 $(x+2)(x-2)$ 的值的大小.

6. 求证：对任意实数 a，b 都有 $a^2 + b^2 \geqslant 2ab$.

2.1.2 不等式的解集与区间

学习目标：

（1）明确不等式与集合的联系，理解区间的概念；（2）会用区间记法表示不等式的解集.

1. 不等式的解集

在含有未知数的不等式中，能使不等式成立的未知数值的全体所构成的集合，叫做**不等式的解集**. 不等式的解集，一般用集合的描述法来表示.

例如，不等式 $x - 6 < 0$ 的解集可表示为 $\{x \mid x < 6\}$.

2. 区间的概念

通常我们以实数集 R 作为全集来研究数集之间的关系，不等式是表达数集的常用方法，为了方便起见，引进区间的概念.

（1）有限区间.

设 a、b 为任意两个实数，且 $a < b$.

① 满足不等式 $a \leqslant x \leqslant b$ 的全体实数 x 的集合 $\{x \mid a \leqslant x \leqslant b\}$，叫做**闭区间**，记做 $[a, b]$，读作 "闭区间 a、b"，如图 2-2（a）所示.

② 满足不等式 $a < x < b$ 的全体实数 x 的集合 $\{x \mid a < x < b\}$，叫做**开区间**，记做 (a, b)，读作 "开区间 a、b"，如图 2-2（b）所示.

③ 满足不等式 $a \leqslant x < b$ 的全体实数 x 的集合 $\{x \mid a \leqslant x < b\}$，叫做**右半开区间**，记做 $[a, b)$ 读作 "右半开区间 a、b" 如图 2-2（c）所示.

④ 满足不等式 $a < x \leqslant b$ 的全体实数 x 的集合 $\{x \mid a < x \leqslant b\}$，叫做**左半开区间**，记做 $(a, b]$ 读作 "左半开区间 a、b" 如图 2-2（d）所示.

上面这些集合都称为区间，其中 a、b 称为区间的端点. 区间端点间的距离称为区间长.

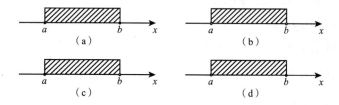

图 2 - 2

在数轴上，上述区间都可以用以 a 和 b 为端点的线段表示，见图 2 - 2，区间闭的一端用实心点表示，区间开的一端用空心点表示.

注意：在使用区间记号的时候，左端点的数值要小于右端点的数值.

当区间长为有限时，称为**有限区间**. 可见，以上四种区间都是有限区间.

（2）无限区间.

把区间概念推广，我们有：

实数集 R，用区间表示为（$-\infty$，$+\infty$），这里的"∞"是一个记号，它不是一个数."∞"读作"无穷大"，"$-\infty$"读作"负无穷大"，"$+\infty$"读作"正无穷大".

数集 $\{x \mid x \geqslant a\}$ 记作 $[a, +\infty)$，如图 2 - 3（a）所示.

数集 $\{x \mid x > a\}$ 记作 $(a, +\infty)$，如图 2 - 3（b）所示.

数集 $\{x \mid x \leqslant a\}$ 记作 $(-\infty, a]$，如图 2 - 3（c）所示.

数集 $\{x \mid x < a\}$ 记作 $(-\infty, a)$，如图 2 - 3（d）所示.

数集 R，记作（$-\infty$，$+\infty$）.

以上五种数集的表示，统称为无限区间.

在数轴上，上述无限区间分别可用图 2 - 3 表示.

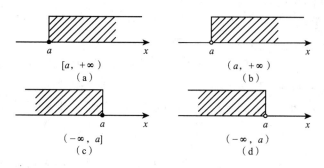

图 2 - 3

例 2 - 5 用区间记法表示下列不等式的解集：

（1）$-4 \leqslant x \leqslant 6$ （2）$2 < x < 7$ （3）$x > 3$

（4）$x \leqslant -\sqrt{5}$ （5）$x \geqslant -\dfrac{2}{3}$ （6）$x < 2$

解：（1）$-4 \leqslant x \leqslant 6$ 可表示为 $[-4, 6]$

（2）$2<x<7$ 可表示为 $(2，7)$

（3）$x>3$ 可表示为 $(3，+\infty)$

（4）$x\leqslant-\sqrt{5}$ 可表示为 $(-\infty，-\sqrt{5}]$

（5）$x\geqslant-\dfrac{2}{3}$ 可表示为 $\left[-\dfrac{2}{3}，+\infty\right)$

（6）$x<2$ 可表示为 $(-\infty，2)$

例 2 - 6 用集合描述法表示下列区间：

（1）$[-2，3]$ （2）$(-3，4)$ （3）$[1，7)$

（4）$\left(-\sqrt{2}，\dfrac{1}{3}\right]$ （5）$(-\infty，9]$ （6）$(1，+\infty)$

解：（1）$[-2，3]$ 可表示为 $\{x\mid-2\leqslant x\leqslant3\}$

（2）$(-3，4)$ 可表示为 $\{x\mid-3<x<4\}$

（3）$[1，7)$ 可表示为 $\{x\mid1\leqslant x<7\}$

（4）$\left(-\sqrt{2}，\dfrac{1}{3}\right]$ 可表示为 $\left\{x\mid-\sqrt{2}<x\leqslant\dfrac{1}{3}\right\}$

（5）$(-\infty，9]$ 可表示为 $\{x\mid x\leqslant9\}$

（6）$(1，+\infty)$ 可表示为 $\{x\mid x>1\}$

例 2 - 7 已知：集合 $A=\{x\mid x<-2\}$，$B=\{x\mid x\geqslant1\}$（见图 2-4），试用区间表示集合 A、B、$A\cup B$，并用数轴表示 $A\cup B$

图 2 - 4

解：集合 A 用区间表示为 $(-\infty，-2)$.

集合 B 用区间表示为 $[1，+\infty)$.

集合 $A\cup B$ 用区间表示为 $(-\infty，-2)\cup[1，+\infty)$.

例 2 - 8 已知数轴上的三个区间：$(-\infty，-3)$，$(-3，4)$，$(4，+\infty)$，当 x 在每个区间上取值时，试确定代数式 $x+3$ 的值的符号.

解：当 x 在 $(-\infty，-3)$ 时，即 $x<-3$，所以 $x+3<0$，即 $x+3$ 为负.

当 x 在 $(4，+\infty)$ 时，即 $x>4$，所以 $x+3>7$，即 $x+3$ 为正.

当 x 在 $(-3，4)$ 时，即 $-3<x<4$，所以 $0<x+3<7$，即 $x+3$ 为正.

想一想

练习2.1.2

练一练

1. 用区间记法表示下列不等式的解集：

（1）$\{x\mid x>\pi\}$

（2）$\{x\mid x\leqslant\sqrt{3}\}$

（3）$\{x\mid-2<x\leqslant5\}$

（4）$\{x\mid x\neq2\}$

2. 用集合描述法表示下列区间：

(1) $[-2, 3]$ 　　　　　(2) $(-1, +\infty)$

(3) $[2, 7)$ 　　　　　　(4) $(-\infty, -1]$

3. 已知：集合 $A = [-2, 5]$，$B = (-5, 0]$，求：(1) $A \cup B$；(2) $A \cap B$，并分别在数轴上表示集合 A，B，$A \cup B$，$A \cap B$.

4. 已知 $x \in (-\infty, 2)$，试确定下列各代数式值的范围.

(1) $x + 2$ 的取值范围是_____；

(2) $x - 2$ 的取值范围是_____；

(3) $2 - x$ 的取值范围是_____；

(4) $x + 3$ 的取值范围是_____.

1. 比较下列各组中两个实数的大小：

(1) $-\dfrac{5}{13}$，$-\dfrac{7}{13}$ 　　　　(2) $-a$，$1 - a$

(3) $-3\sqrt{3}$，-4

2. 比较 $(x+5)(x+7)$ 与 $(x+6)^2$ 的大小.

3. 如果 $x > 0$，比较 $(\sqrt{x} - 1)^2$ 与 $(\sqrt{x} + 1)^2$ 的大小.

4. 用"$>$"或"$<$"号填空：

(1) 如果 $a > b$，则 b _____ a.

(2) 如果 $a > b$，则 $-a$ _____ $-b$.

(3) 如果 $a < b < 0$，则 $\dfrac{1}{a}$ _____ $\dfrac{1}{b}$.

(4) 如果 $a > b$，且 $c < d$，则 $a - c$ _____ $b - d$.

(5) 如果 $a > b > c > 0$，则 $\dfrac{c}{a}$ _____ $\dfrac{c}{b}$.

(6) 如果 $a > b > 0$，且 $c < d < 0$，则 ac _____ bd.

(7) 如果 $0 < a < b < 1$，$n \in N^+$ 则 $\dfrac{1}{a^n}$ _____ $\dfrac{1}{b^n}$ _____ 1.

5. 用区间记法表示下列不等式的解集：

(1) $\{x \mid 0 \leqslant x < 3\}$ 　　　　(2) $\{x \mid x > -\sqrt{3}\}$

(3) $\{x \mid x \leqslant \sqrt{5}\}$ 　　　　(4) $\{x \mid -1 \leqslant x \leqslant 6\}$

6. 用集合描述法表示下列区间：

(1) $[-2, 5]$ 　　　(2) $(-9, -1)$ 　　　(3) $(-\sqrt{2}, \dfrac{2}{5}]$

(4) $[1, \sqrt{3})$ 　　　(5) $[2, +\infty)$ 　　　(6) $(-\infty, 5)$

7. 已知，$A = (-1, 3]$，$B = [-3, 1)$，求下列式子的值，并在数轴上表示.

(1) $A \cap B$ 　　　(2) $A \cup B$

§2.2 不等式的解法

2.2.1 一元一次不等式的解法

学习目标:
(1) 理解一元一次不等式的定义; (2) 会求解一元一次不等式.

1. 一元一次不等式的定义

只含有一个未知数, 并且未知数的最高次数是一次的不等式叫做一元一次不等式.

例如: $2x < 1$, $5x - 2 > 0$, $3x + \dfrac{1}{2} < 1 - 2x$ 等都是一元一次不等式.

2. 一元一次不等式的解法

(1) 对于一元一次不等式, 可以经过同解变形, 如去分母、去括号、移项、合并同类项、不等式两边都除以未知数的系数等, 即可求得不等式解集.

一般地, 一元一次不等式, 经过不等式的同解变形后, 都可以化成 $ax > b(a \neq 0)$ 的标准形式. 根据不等式性质 4 可知:

① 如果 $a > 0$, 那么不等式 $ax > b$ 的解集是 $\left\{ x \mid x > \dfrac{b}{a} \right\}$, 用区间表示为 $\left(\dfrac{b}{a}, +\infty \right)$;

② 如果 $a < 0$, 那么不等式 $ax > b$ 的解集是 $\left\{ x \mid x < \dfrac{b}{a} \right\}$, 用区间表示为 $\left(-\infty, \dfrac{b}{a} \right)$.

(2) 求不等式的解集称为**解不等式**.

例 2 – 9 解下列不等式:

(1) $5x > 10$ (2) $13 - 9x \geqslant 2 + 2x$

解: (1) 两边同除以 5, 得 $x > 2$,

所以, 原不等式的解集为 $\{ x \mid x > 2 \}$, 用区间表示为 $(2, +\infty)$.

(2) 移项整理, 得 $-9x - 2x \geqslant 2 - 13$

$$-11x \geqslant -11$$

两边同除以 -11, 得 $x \leqslant 1$

所以, 原不等式的解集为 $\{ x \mid x \leqslant 1 \}$, 用区间表示为 $(-\infty, 1]$.

例 2 – 10 解不等式: $\dfrac{1}{6}(7x - 2) - \dfrac{3x - 1}{2} > \dfrac{1 + 2x}{3} + 1$, 并把它的解集在数轴上表示出来.

解: 去分母, 得 $(7x - 2) - 3(3x - 1) > 2(1 + 2x) + 6$

去括号, 得 $\qquad\qquad\qquad 7x - 2 - 9x + 3 > 2 + 4x + 6$

移项，得 $\qquad$ $7x - 9x - 4x > 2 + 6 + 2 - 3$

合并同类项，得 $\qquad$ $-6x > 7$

两边同除以 -6，得 $\qquad$ $x < -\dfrac{7}{6}$

所以原不等式的解集为 $\left\{ x \mid x < -\dfrac{7}{6} \right\}$，用区间表示为 $\left(-\infty,\ -\dfrac{7}{6} \right)$.

这个解集在数轴上表示见图 2 - 5.

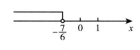

图 2 - 5

1. 解下列一元一次不等式：

（1）$2x < 1$ $\qquad$ （2）$5 - 3x > 11$

（3）$2x + 3 \leqslant x - 7$

2. 求下列一元一次不等式的解集，并用区间表示：

（1）$-\dfrac{2}{3}x > -5$ $\qquad$ （2）$(1 - 3x) < 3(2x + 1)$

（3）$-\dfrac{3}{2}x + 3 > 5 - \dfrac{x}{3}$ $\qquad$ （4）$2x - 3 \leqslant 5(1 - 2x)$

2.2.2　一元一次不等式组的解法

学习目标：
（1）理解一元一次不等式组的定义；（2）会求解一元一次不等式组.

1. 一元一次不等式组定义

由几个一元一次不等式联立所组成的不等式组叫做**一元一次不等式组**.

例如：$\begin{cases} 2x + 1 > 0 \\ x - 1 < 0 \end{cases}$；$\begin{cases} 3x + 4 < x - \dfrac{1}{2} \\ x - 3 \geqslant 2 - 5x \end{cases}$；$\begin{cases} \dfrac{x}{3} \leqslant \dfrac{x}{2} + 1 \\ 2(3x - 1) \geqslant 5(x - 2) + 1 \end{cases}$ $\qquad$ 等都是一元一次不等式组.

2. 一元一次不等式组的解法

求一元一次不等式组的解集的步骤是：先求出不等式组中各个不等式的解集，然后再求出各个解集的交集，就得到不等式组的解集.

两个一元一次不等式组成的不等式组的解集有四种情形（设 $a < b$）：

① $\begin{cases} x > a \\ x > b \end{cases}$ 的解集为 $\{x \mid x > b\}$，区间表示为 $(b, +\infty)$；

② $\begin{cases} x > a \\ x < b \end{cases}$ 的解集为 $\{x \mid a < x < b\}$，区间表示为 (a, b)；

③ $\begin{cases} x < a \\ x < b \end{cases}$ 的解集为 $\{x \mid x < a\}$，区间表示为 $(-\infty, a)$；

④ $\begin{cases} x < a \\ x > b \end{cases}$ 的解集为 $\varnothing$.

例 2 - 11 求下列不等式组的解集，并用区间表示：

（1） $\begin{cases} 3x + 6 > 0 \\ x - 1 < 0 \end{cases}$ （2） $\begin{cases} 2 + 3x \leqslant 3 + 4x \\ 5x - 1 > 7x - 3 \end{cases}$

解：（1）原不等式组可化为 $\begin{cases} 3x > -6 \\ x < 1 \end{cases}$，即 $\begin{cases} x > -2 \\ x < 1 \end{cases}$

∴ 原不等式组的解集为 $\{x \mid -2 < x < 1\}$，用区间表示为 $(-2, 1)$，见图 2 - 6（a）.

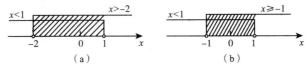

图 2 - 6

（2）原不等式组可化为 $\begin{cases} 3x - 4x \leqslant 3 - 2 \\ 5x - 7x > -3 + 1 \end{cases}$，解得：$\begin{cases} -x \leqslant 1 \\ -2x > -2 \end{cases}$ 即 $\begin{cases} x \geqslant -1 \\ x < 1 \end{cases}$

∴ 原不等式组的解集为 $\{x \mid -1 \leqslant x < 1\}$，用区间表示为 $[-1, 1)$，如图 2 - 6（b）所示.

例 2 - 12 解不等式组 $-1 \leqslant \dfrac{3 - 2x}{2} \leqslant 2$.

分析 这是变形的不等式组，即 $\dfrac{3 - 2x}{2}$ 的值不小于 -1 且不大于 2. 将它写成两个不等式即为常见的一元一次不等式组的形式，可按一般不等式组求解. 当这一形式的两边均是常数时，亦可采用直接变形的简便解法.

解法一：

原不等式组可写成 $\begin{cases} \dfrac{3 - 2x}{2} \geqslant -1 \\ \dfrac{3 - 2x}{2} \leqslant 2 \end{cases}$ 分别解得 $\begin{cases} x \leqslant \dfrac{5}{2} \\ x \geqslant -\dfrac{1}{2} \end{cases}$

所以不等式组的解集是 $\left\{x \mid -\dfrac{1}{2} \leqslant x \leqslant \dfrac{5}{2}\right\}$，用区间表示为 $\left[-\dfrac{1}{2}, \dfrac{5}{2}\right]$.

解法二：

对原不等式组两边和中间部分同时乘以 2，得 $-2 \leqslant 3 - 2x \leqslant 4$

同样对各部分都减去 3，得 $-5 \leqslant -2x \leqslant 1$

对各部分同时除以 -2，得 $\dfrac{5}{2} \geqslant x \geqslant -\dfrac{1}{2}$

所以不等式组的解集是 $\left\{ x \mid -\dfrac{1}{2} \leqslant x \leqslant \dfrac{5}{2} \right\}$，用区间表示为 $\left[-\dfrac{1}{2}, \ \dfrac{5}{2} \right]$

---

1. 求下列不等式组的解集，并用区间表示：

(1) $\begin{cases} x > 5 \\ x > 2 \end{cases}$ (2) $\begin{cases} x < -15 \\ x \leqslant 3 \end{cases}$

(3) $\begin{cases} x \geqslant -3 \\ x < 0 \end{cases}$

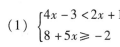

2. 求下列一元一次不等式（组）的解集，并用区间表示：

(1) $\begin{cases} 4x - 3 < 2x + 1 \\ 8 + 5x \geqslant -2 \end{cases}$ (2) $\begin{cases} 2(x-1) < x + 3 \\ \dfrac{2x}{3} + 1 > \dfrac{x}{2} - 1 \end{cases}$

(3) $-6 < 3x \leqslant 9$

2.2.3　一元二次不等式的解法

学习目标：
（1）理解一元二次不等式的定义；（2）会求解可分解因式的一元二次不等式.

1. 一元二次不等式的定义

含有一个未知数并且未知数的最高次数是二次的不等式叫做一元二次不等式.

例如．$x^2 - 2x + 3 > 0$；$2x^2 - 3x - \dfrac{1}{3} < 0$；$3(x^2 + 1) \leqslant 0$；$(2x+1)(x-3) > 0$ 等都是一元二次不等式.

一元二次不等式的一般形式是：$ax^2 + bx + c > 0$ 或 $ax^2 + bx + c < 0$ （$a \neq 0$）.

2. 可分解因式的一元二次不等式的解法

先将一元二次不等式的左边化成二次三项式，右边化成0，将不等式左边分解因式后，再根据乘法的符号规律写成由两个一元一次不等式组成的不等式组，利用一元一次不等式组的解法，即可求出可分解因式的一元二次不等式的解集.

例 2－13　解一元二次不等式：

（1）$x^2 - 2x - 15 > 0$ 　　　　　　　　（2）$x^2 - 2x - 15 < 0$

解：（1）因式分解得$(x+3)(x-5) > 0$；

原不等式化为以下两个一元一次不等式组：

① $\begin{cases} x+3 > 0 \\ x-5 > 0 \end{cases}$ 或 ② $\begin{cases} x+3 < 0 \\ x-5 < 0 \end{cases}$

不等式组①可化为 $\begin{cases} x > -3 \\ x > 5 \end{cases}$，所以不等式组①的解集是（5，$+\infty$）；

不等式组②可化为 $\begin{cases} x < -3 \\ x < 5 \end{cases}$，所以不等式组②的解集是（$-\infty$，$-3$）；

所以原一元二次不等式 $x^2 - 2x - 15 > 0$ 的解集是不等式组①和②的解集的并集，即（$-\infty$，-3）$\cup (5, +\infty)$.

（2）因式分解得 $(x+3)(x-5) < 0$；

原不等式化为以下两个一元一次不等式组：

③ $\begin{cases} x+3 > 0 \\ x-5 < 0 \end{cases}$ 或 ④ $\begin{cases} x+3 < 0 \\ x-5 > 0 \end{cases}$

不等式组③可化为 $\begin{cases} x > -3 \\ x < 5 \end{cases}$，所以不等式组③的解集是（$-3$，5）；

不等式组④可化为 $\begin{cases} x < -3 \\ x > 5 \end{cases}$，所以不等式组④的解集为$\varnothing$；

所以原一元二次不等式 $x^2 - 2x - 15 < 0$ 的解集是不等式组③和④的解集的并集，即（$-3,5$）$\cup \varnothing = (-3,5)$.

例2－14　解不等式：$2x^2 \geq 8$

解： 原不等式可化为 $x^2 \geq 4$ $\therefore$ $x^2 - 4 \geq 0$

因式分解得 　$(x+2)(x-2) \geq 0$

原不等式化为以下两个一元一次不等式组：

① $\begin{cases} x+2 \geq 0 \\ x-2 \geq 0 \end{cases}$ 或 ② $\begin{cases} x+2 \leq 0 \\ x-2 \leq 0 \end{cases}$

不等式组①可化为 $\begin{cases} x \geq -2 \\ x \geq 2. \end{cases}$，所以不等式组①的解集是 [2，$+\infty$）；

不等式组②可化为 $\begin{cases} x \leq -2 \\ x \leq 2. \end{cases}$，所以不等式组②的解集是（$-\infty$，$-2$]；所以原一元二次不

等式 $2x^2 \geq 8$ 的解集是不等式组①和②的解集的并集，即：[2，$+\infty$）$\cup (-\infty, -2$].

2.2.4 　分式不等式的解法

学习目标：

（1）理解分式不等式的定义；（2）会求解分式不等式.

财经应用数学基础模块

1. 分式不等式的定义

在分式的分母中含有未知数的不等式叫做**分式不等式**.

例如$\frac{2-x}{3x+1}>0$，$\frac{2x-1}{x+3}\leqslant 0$，$\frac{5x+3}{2x-3}<0$ 等都是分式不等式.

2. 分式不等式的解法

本节仅讨论线性分式不等式：$\frac{ax+b}{cx+d}>0$ 或$\frac{ax+b}{cx+d}<0$ 的解法.

先将分式不等式的左边化成一个分式，右边化成0，再根据除法的符号规律写成由两个一元一次不等式组成的不等式组，利用一元一次不等式组的解法，即可求出此类分式不等式的解集.

例 2 – 15 解下列分式不等式：

（1）$\frac{x-3}{2x+1}<0$ 　　　　（2）$\frac{2-x}{1+x}<0$

解：（1）要使$\frac{x-3}{2x+1}<0$，必须使分式的分子、分母的符号相反；

原分式不等式可化为以下两个一元一次不等式组：

①$\begin{cases} x-3>0 \\ 2x+1<0 \end{cases}$或 ②$\begin{cases} x-3<0 \\ 2x+1>0 \end{cases}$

不等式组①可化为$\begin{cases} x>3 \\ x<-\dfrac{1}{2} \end{cases}$，所以不等式组①的解集是$\varnothing$；

不等式组②可化为$\begin{cases} x<3 \\ x>-\dfrac{1}{2} \end{cases}$，所以不等式组②的解集是$\left(-\dfrac{1}{2},\ 3\right)$；

所以分式不等式$\frac{x-3}{2x+1}<0$ 的解集是不等式组①和②的解集的并集，

即$\varnothing \cup \left(-\dfrac{1}{2},\ 3\right) = \left(-\dfrac{1}{2},\ 3\right)$

（2）原分式不等式化为$\frac{x-2}{x+1}>0$

要使$\frac{x-2}{x+1}>0$，必须使分式的分子、分母的符号相同.

原分式不等式可化为以下两个一元一次不等式组：

③$\begin{cases} x-2>0 \\ x+1>0 \end{cases}$或 　④$\begin{cases} x-2<0 \\ x+1<0 \end{cases}$

不等式组③可化为$\begin{cases} x>2 \\ x>-1 \end{cases}$，所以不等式组③的解集是$(2,+\infty)$；不等式组④可化为

$\begin{cases} x < 2 \\ x < -1 \end{cases}$，所以不等式组④的解集是$(-\infty, -1)$；所以分式不等式$\dfrac{2-x}{1+x} > 0$的解集是不等式组③和④的解集的并集，即$(2, +\infty) \cup (-\infty, -1)$.

例2-16 解分式不等式$\dfrac{5x-3}{x+3} < 2$.

解：原分式不等式化为$\dfrac{5x-3}{x+3} - 2 < 0$，整理得$\dfrac{3x-9}{x+3} < 0$；

要使$\dfrac{3x-9}{x+3} < 0$，必须使分式的分子、分母的符号相反；

原分式不等式可化为以下两个一元一次不等式组：

① $\begin{cases} 3x-9 > 0 \\ x+3 < 0 \end{cases}$　或　② $\begin{cases} 3x-9 < 0 \\ x+3 > 0 \end{cases}$

不等式组①可化为$\begin{cases} x > 3 \\ x < -3 \end{cases}$，所以不等式组①的解集是$\varnothing$；

不等式组②可化为$\begin{cases} x < 3 \\ x > -3 \end{cases}$，所以不等式组②的解集是$(-3, 3)$；

所以分式不等式$\dfrac{5x-3}{x+3} < 2$的解集是不等式组①和②的解集的并集，

即$\varnothing \cup (-3, 3) = (-3, 3)$.

1. 解下列分式不等式：

(1) $\dfrac{2}{3+x} > 0$　　　　(2) $\dfrac{3}{x-2} < 0$

(3) $\dfrac{x-7}{x+1} < 0$　　　　(4) $\dfrac{1-x}{2+x} < 0$

2. 解下列分式不等式.

(1) $\dfrac{2x+3}{x-1} > 3$　　　　　　　　　　(2) $\dfrac{x}{2x-1} - \dfrac{1}{6x-3} > 0$

2.2.5　含有绝对值的不等式的解法

学习目标：
（1）理解含有绝对值的不等式的定义；（2）会求解含有绝对值的不等式.

　　　　　　　　　　　　　　　　　　　　　　　　财经应用数学基础模块

1. 绝对值不等式的概念

在绝对值的符号内含有未知数的不等式叫做**含有绝对值的不等式**.

例如，$|2x-1|\geqslant 3$，$|2-3x|<1$，$|x|\leqslant 3$，$|3x|>7$ 等都是含绝对值的不等式.

2. 绝对值不等式的解法

本节仅讨论 $|ax+b|<c$ 和 $|ax+b|>c$（$c>0$）型的不等式的解法.

让我们先看含绝对值的方程 $|x|=2$，由绝对值意义可知，方程的解是 $x=2$ 或 $x=-2$，在数轴上表示见图 2-7（a）.

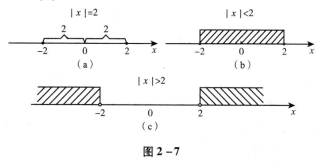

图 2-7

以前，我们学过绝对值的意义. 在实数集中，对任意实数 x：

$$|x|=\begin{cases} x & (x\geqslant 0) \\ -x & (x<0) \end{cases}$$

例如 $|5|=5$，$|0|=0$，$|-2|=2$.

数 x 的绝对值 $|x|$，在数轴上等于对应实数 x 的点到原点的距离.

再看相应的不等式 $|x|<2$ 与 $|x|>2$.

由绝对值的意义，结合数轴表示由图 2-7（a）可知，不等式 $|x|<2$ 表示数轴上到原点的距离小于 2 的点的集合，在数轴上表示如图 2-7（b）所示，因而不等式 $|x|<2$ 的解集是 $\{x|-2<x<2\}$，即 $(-2,2)$.

类似地，不等式 $|x|>2$ 表示数轴上到原点的距离大于 2 的点的集合，在数轴上表示如图 2-7（c）所示，因而不等式 $|x|>2$ 的解集是 $\{x|x<-2$ 或 $x>2\}$，即 $(-\infty,-2)\cup(2,+\infty)$.

一般地，如果 $a>0$，则：

$$|x|<a\Leftrightarrow -a<x<a,\qquad |x|>a\Leftrightarrow x<-a \text{ 或 } x>a.$$

见图 2-8.

图 2-8

例 2 - 17 解下列含绝对值的不等式：

(1) $|2x - 500| \leqslant 10$ (2) $|3x + 2| > 1$

解：(1) 原不等式可化为 $-10 \leqslant 2x - 500 \leqslant 10$；

不等式两边分别加上 500，得 $490 \leqslant 2x \leqslant 510$；

不等式两边分别除以 2，得 $245 \leqslant x \leqslant 255$.

所以不等式 $|2x - 500| \leqslant 10$ 的解集为 $\{x | 245 \leqslant x \leqslant 255\}$，用区间表示为 $[245, 255]$.

(2) 原不等式可化为 $3x + 2 > 1$ 或 $3x + 2 < -1$，即 $3x > -1$ 或 $3x < -3$.

解得 $x > -\dfrac{1}{3}$ 或 $x < -1$.

所以不等式 $|3x + 2| > 1$ 的解集为：$\left\{x \middle| x > -\dfrac{1}{3} 或 x < -1\right\}$，用区间表示为 $(-\infty, -1) \cup \left(-\dfrac{1}{3}, +\infty\right)$.

1. 解下列含绝对值的不等式：

(1) $2|x| \leqslant 4$ (2) $5|x| > 7$

(3) $|3x| < 5$ (4) $|4x| \geqslant 14$

2. 解下列含绝对值的不等式：

(1) $|x + 4| < 9$ (2) $\left|\dfrac{1}{4} + x\right| \geqslant \dfrac{1}{2}$

(3) $|2 - x| \leqslant 3$ (4) $|5x - 4| > 6$

1. 解下列一元一次不等式：

(1) $2x - 3 < 5$ (2) $3x + 2 > 7x - 4$

(3) $\dfrac{2 - x}{3} < 0$ (4) $\dfrac{3x + 1}{2} \geqslant \dfrac{x - 2}{3}$

2. 解下列一元一次不等式组：

(1) $\begin{cases} 2 - 3x > 5 \\ x - 3 < 1 \end{cases}$ (2) $\begin{cases} 5x - 2 > -17 \\ -\dfrac{1}{2}x + 1 \geqslant 2 \end{cases}$

(3) $\begin{cases} 4x + 3 > 5x - 1 \\ 2x + 10 \leqslant 11 + 3x \end{cases}$ (4) $\begin{cases} 9x + 1 > 8x - 1 \\ 4x - 1 > 3x + 4 \end{cases}$

3. 解下列一元二次不等式：

(1) $(2x - 1)(x - 1) > 0$ (2) $x^2 < 16$

(3) $x^2 - 5x + 6 \geqslant 0$ (4) $8 - 2x - x^2 \geqslant 0$

4. 解下列分式不等式：

(1) $\dfrac{2}{3x - 1} < 0$ (2) $\dfrac{x + 1}{x - 3} < 2$

(3) $\dfrac{2x + 3}{x - 2} \leqslant 0$ (4) $\dfrac{x + 3}{4 - x} \geqslant 1$

5. 解下列含有绝对值的不等式：

        财经应用数学基础模块

(1) $|3x| \leqslant 2$ (2) $2|x| - 3 > 1$

(3) $|3 - 2x| > 5$ (4) $|3x + 4| \geqslant 1$

§2.3 不等式的应用

2.3.1 不等式的简单应用

学习目标：

（1）了解不等式的一些简单应用；（2）会运用不等式的相关知识求解实际问题.

在日常生活中，有些问题可以设未知数，用不等式求解，下面举一些例子说明.

例2-18 已知一条长 100 m 的绳子，用它围成一个矩形，问长、宽各等于多少时，围成的矩形面积最大？

解： 设矩形的长为 x，宽为 y，面积为 S. 根据题设条件，有：

$x + y = 50$，且 $x > 0$，$y > 0$，$xy = S$

于是问题转化为：当 $x + y = 50$ 时，求 xy 的最大值.

根据均值定理，得：$\sqrt{xy} \leqslant \dfrac{x + y}{2} = 25$

所以，$xy = 625$，当且仅当 $x = y = 25$ 时，等号成立.

因此，当 $x = y = 25$ 时，S 取最大值 625.

答：用 100m 的绳子围成长和宽都是 25m 的矩形（即正方形）时，所围成的面积最大，为 $625 \mathrm{m}^2$.

例2-19 某工厂生产的产品每件单价是 80 元，直接生产成本是 60 元. 该工厂每月其他开支是 50 000 元. 如果该工厂计划每月至少获得 2 000 000 元的利润，假定生产的全部产品都能卖出，问每月的产量是多少？

解： 设每月生产 x 件产品，则总收入为 $80x$，直接生产成本为 $60x$，每月利润为 $80x - 60x - 50\,000 = 20x - 50\,000$.

依题意，x 应满足不等式 $20x - 50\,000 \geqslant 2\,000\,000$.

解得：$x \geqslant 102\,500$

答：该工厂每月至少要生产 102 500 件产品.

---

1. 用长为 20m 的绳子围成一矩形，问长、宽各等于多少时，围成的矩形面积最大？

2. 某工厂生产一类产品，每月固定成本是 12 万元，每件产品变动成本是 20 元，而单价是 50 元. 如果每月要求获得的最低利润是 2 万元，问每月需要销售多少产品？

2.3.2 运用不等式求解实际问题

学习目标：
会运用不等式的相关知识求解财经方面的问题.

1. 两种基本核算模式

（1）产品利润核算公式：

$$产品利润 = 销售收入 - 变动成本 - 固定成本$$

其中：

$$销售收入 = 销售单价 \times 销售数量$$
$$变动成本 = 单位变动成本 \times 销售数量$$

为了概述方便，使用下列符号：

a = 销售单价；b = 单位变动成本；Q = 销售数量；F = 固定成本；P = 利润额.

因此，上述基本公式可记为：

$$aQ - bQ - F = P \quad 或 \quad (a - b)Q - F = P$$

例 2 - 20 某企业开发新产品 A，预定售价每件 10 元，单位变动成本 6 元/件（包括直接原材料，直接人工等），固定成本每月 2 万元（包括折旧费、管理费、间接费用等）. 不考虑税金. 试求：

① 不发生亏损的每月销售数量；

② 完成或超额完成年度利润计划 10 万元的全年销售数量.

解： 根据题意，可知 $a = 10$，$b = 6$，$F = 20\,000$.

① 要求不发生亏损，即 $P \geqslant 0$，所以：

$$(a - b)Q - F \geqslant 0$$

解得：

$$Q \geqslant \frac{F}{a - b}$$

代入题设数据：$Q \geqslant \dfrac{20\,000}{10 - 6} = 5\,000$（件）

即每月销售量大于或等于 5 000 件时，企业不亏损.

② 要求全年利润不低于 10 万元，即 $P \geqslant 100\,000$，所以：

$$(a - b)Q - F \geqslant 100\,000$$

解得：$Q \geqslant \dfrac{100\,000 + 12 \times 20\,000}{10 - 6}$

$Q \geqslant 85\,000$（件）

即全年销售量等于或大于 85 000 件时，可完成或超额完成年度利润计划 10 万元.

（2）销售利润核算公式：

销售利润 = 销售收入 – 销售成本 – 流通费用 – 营业税

设 A 为销售收入；B 为销售成本；F 为固定费用；P 为销售利润；v 为变动费用率；r 为营业税率；m 为综合毛利率（即 $m = \dfrac{A-B}{A}$ ）.

因此，上述基本公式可记为：

$$P = A - B - F - vA - rA \quad \text{或} \quad P = mA - F - vA - rA$$

例 2 – 21 某公司经营多种商品，综合毛利率为 15%，商品流通费用划分为变动费用和固定费用两部分，其中：变动费用率为 2%，固定费用全年 30 万元，营业税率 3%，试分别求下列的全年销售额：

① 有销售利润时；

② 若固定费用可节约 10% 时；

③ 若变得费用率提高到 2.5% 时；

④ 若综合毛利率降低为 13% 时.

解：根据题意，可知：

$m = 15\%$，$v = 2\%$，$F = 30$（万元），$r = 3\%$.

① 有销售利润时，即 $P > 0$，所以：

$$mA - F - vA - rA > 0$$

$$A > \frac{F}{m - v - r}$$

代入题设数据 $A > \dfrac{30}{0.15 - 0.02 - 0.03}$

$$A > 300$$

即全年销售额大于 300 万元时，公司有销售利润.

② 固定费用节约 10% 时，则：

$$A > \frac{30 \times (1 - 0.1)}{0.15 - 0.02 - 0.03}$$

$$A > 270$$

即固定费用节约 10% 后，全年销售额大于 270 万元，就有销售利润.

③ 变动费用率提高到 2.5%，则：

$$A > \frac{30}{0.15 - 0.025 - 0.03}$$

$$A > 315.79$$

即变动费用率提高 2.5% 后，全年销售额大于 315.79 万元，才会有销售利润.

④ 综合毛利率降低为 13% 时，则：

$$A > \frac{30}{0.13 - 0.02 - 0.03}$$

$$A > 375$$

即综合毛利率降低为 13% 后全年销售额须大于 375 万元，公司才有销售利润.

2. 会计财务核算公式

$$销售价 - 进货价 = 毛利额$$
$$毛利额 \div 销售价 = 毛利率$$

例2-22 某零售店购入 B 商品一批，进货价格每件 8.5 元，若要每件商品的毛利额不小于 1 元，毛利率不高于 15%，试计算 B 商品的每件销售价格.

解：设 B 商品每件销售价格为 x 元，根据会计核算公式建立不等式组：

$$\begin{cases} x - 8.5 \geq 1 & (1) \\ \dfrac{x - 8.5}{x} \leq 15\% & (2) \end{cases}$$

不等式（1）的解是：$x \geq 9.5$

不等式（2）的解是：$x \leq 10$

不等式组的解是：$9.5 \leq x \leq 10$

即 B 商品每件销售价格应定为 9.5 ~ 10 元.

1. 某商店综合毛利率为 12%，营业税率为 3%，每月费用支出 12 000 元，利润指标 6 000 元. 若要超额完成利润指标，则每月营业额应为多少？

2. 某种商品进价 100 元/件，售价每 150 元/件，税率 3%，商店租金每月 8 000 元，营业员月工资共 6 500 元，试求每月至少销售多少件才能不亏损？

1. 在面积为 625m² 的矩形中，最短周长是多少？

2. 某种商品的销售量 x（件）与它的销售单价 p（元）之间的关系是 $p = 275 - 3x$，与总成本 q 之间的关系是 $q = 500 + 5x$. 问每月要获得 5 500 元利润，至少要销售多少件商品？

3. 某工厂制造甲产品，售价每件 190 元，单位变动成本 110 元，每月固定成本 6 万元（不计税金）.

（1）若工厂每月要有盈利，求每月销售量.

（2）若工厂要超额完成全年利润指标 8 万元，求全年销售量.

（3）若全年销售量计划预定为 8 400 件，单位售价和变动成本照旧，要使工厂有利润，固定成本应是多少？

（4）若全年销售量预定为 8 000 件，单位售价和固定成本照旧，则单位变动成本应定为多少，工厂才能有盈利？

（5）若全年销售量预定为 9 600 件，固定成本及单位变动成本照旧，则单位售价应定为多少，工厂才会有盈利？

4. 求解本章引言的问题：求每月至少销售多少双这种皮鞋才能不亏损？

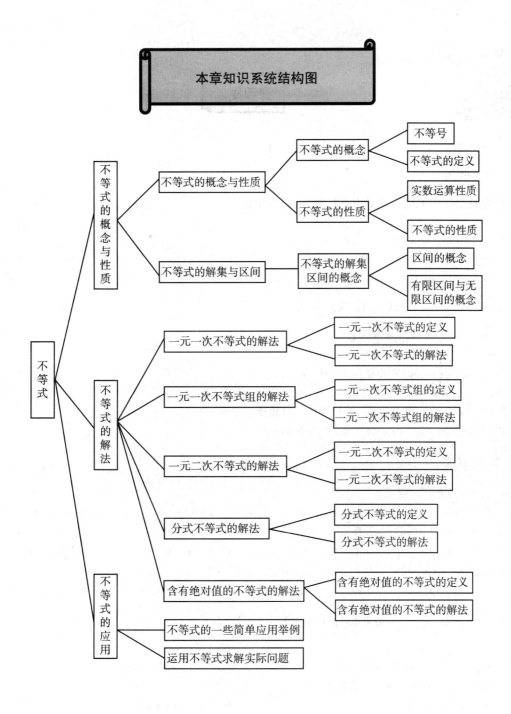

考一考

复习题

一、判断题

1. 数轴上右边的点表示的数大于左边的点表示的数 . （   ）

2. 若 $a>b$，则 $a+c>b+c$. （   ）

3. 若 $ac>bc$，则 $a>b$. （   ）

4. $[-2,1]=\{x \mid -2 \leqslant x \leqslant 1\}$. （   ）

5. 不等式 $1+x<0$ 的解集为 $\{x \mid x<1\}$. （   ）

6. 不等式 $bx>a$ 的解集为 $\{x \mid x>\dfrac{a}{b}\}$. （   ）

7. 不等式 $x^2+1<0$ 的解集为 $\varnothing$. （   ）

8. 不等式组 $\begin{cases} x>0 \\ x>3 \\ x>1 \end{cases}$ 的解集为 $\{x \mid x>1\}$. （   ）

9. $(x+1)(x-2)<0$ 相当于 $(x+1)$ 与 $(x-2)$ 异号 . （   ）

10. 不等式 $|x-2|<3$ 的解集为 $\{x \mid -5<x<5\}$. （   ）

二、选择题

1. 若 $a>0$，$b>0$，则 （   ）

    A. $ab>0$ B. $ab<0$ C. $a-b>0$ D. $a+b<0$

2. $\{x \mid x<0\}$ 用区间可表示为 （   ）

    A. $(-\infty, 0)$ B. $(0, +\infty)$ C. $(-\infty, 0]$ D. $[0, +\infty)$

3. 不等式 $1-x<0$ 的解集为 （   ）

    A. $\{x \mid x>1\}$ B. $\{x \mid x<1\}$ C. $\{x \mid x>-1\}$ D. $\{x \mid x<-1\}$

4. 不等式组 $\begin{cases} x+1>0 \\ x-5<0 \end{cases}$ 的解集用区间可表示为 （   ）

    A. $(-1, +\infty)$ B. $(-\infty, 5)$

    C. $(-1, +\infty) \cup (-\infty, 5)$ D. $(-1, 5)$

5. 不等式 $x^2+2x-3>0$ 的解集为 （   ）

    A. $\{x \mid -3<x<1\}$ B. $\{x \mid -1<x<3\}$

    C. $\{x \mid x<-3 \text{ 或 } x>1\}$ D. $\{x \mid x<-1 \text{ 或 } x>3\}$

6. 不等式 $2x^2-x-1 \leqslant 0$ 的解集为 （   ）

    A. $\{x \mid x \leqslant -\dfrac{1}{2} \text{ 或 } x \geqslant 1\}$ B. $\{x \mid -\dfrac{1}{2} \leqslant x \leqslant 1\}$

    C. $\{x \mid x \leqslant -1 \text{ 或 } x \geqslant \dfrac{1}{2}\}$ D. $\{x \mid -1 \leqslant x \leqslant \dfrac{1}{2}\}$

7. 不等式 $\dfrac{3}{x-1}<0$ 同解于不等式 （   ）

A. $x-1>0$ B. $x-1<0$ C. $x-1\geqslant 0$ D. $x-1\leqslant 0$

8. 不等式 $\dfrac{x-1}{x+2}\leqslant 0$ 的解集为（　　）

     A. $\{x\mid x\leqslant 1\}$ B. $\{x\mid x\geqslant -2\}$ C. $\{x\mid x\leqslant -2 \text{ 或 } x\geqslant 1\}$ D. $\{x\mid -2\leqslant x\leqslant 1\}$

9. 不等式 $\mid x-3\mid < -2$ 的解集为（　　）

     A. R B. $\varnothing$

     C. $\{x\mid 1<x<5\}$ D. $\{x\mid x<1 \text{ 或 } x>5\}$

10. 不等式 $\mid x\mid \geqslant 3$ 的解集用区间可表示为（　　）

     A. $[-3,3]$ B. $(-\infty,-3]$

     C. $[3,+\infty)$ D. $(-\infty,-3]\cup[3,+\infty)$

三、填空题

1. 若 $a>b>0$，则 $\dfrac{a}{b}$ _____ 1.

2. 若 $a>b$，则 $-3a$ _____ $-3b$.

3. 当 c _____ 0 时，$a>b\Rightarrow ac^2>bc^2$.

4. 不等式集 $\{x\mid x>3,\text{ 且 } x\neq 5\}$ 用区间可表示为_____.

5. 不等式 $-2x+8>0$ 的解集为_____.

6. 不等式组 $\begin{cases} x-3<0 \\ 2-x\leqslant 0 \end{cases}$ 的解集用区间可表示为_____.

7. 不等式 $(x-1)^2+3>0$ 的解集用区间可表示为_____.

8. 不等式 $\dfrac{-3}{x-1}<0$ 的解集用区间可表示为_____.

9. 不等式 $2x^2-9x+7<0$ 的解集用区间可表示为_____.

10. $\mid x+1\mid >2$ 的解集用区间可表示为_____.

四、解答题

1. 解一元一次不等式：

（1）$\dfrac{2x-1}{2}\geqslant \dfrac{3-x}{3}$ （2）$\dfrac{x+1}{6}+3\geqslant 2x+1$

2. 解不等式组：

（1）$\begin{cases} -\dfrac{1}{3}x\leqslant 1 \\ 2x+5>0 \end{cases}$ （2）$\begin{cases} 4x-3>2x+1 \\ 3x+1>4x-3 \end{cases}$

3. 解一元二次不等式：

（1）$-6x^2-x+2\leqslant 0$ （2）$x^2+x>7\ (x+1)$

4. 解分式不等式：

（1）$\dfrac{2x+1}{x-3}<0$ （2）$\dfrac{2x-3}{x+1}>2$

5. 解含绝对值的不等式：

（1）$\mid 2x-1\mid \geqslant 5$ （2）$\mid 2x+3\mid -1<0$

商战中的"不等式"

世界上没有一成不变的定式，商场上更是如此，行业规律、竞争规则等都是相对的，市场竞争的变量之间的关系也并非是完全对等的。

一、小产品≠小市场

时下，不少传统产业企业在选择新项目时，都将眼光投向高、精、尖产品。不愿意生产小产品、研究小项目，认为小产品、小项目市场小、利润低，小打小闹成不了什么气候。事实表明，小产品不能"小"看；小产品只要一以贯之，不断创新，也能获得令人羡慕的成功。世界500强中的美国吉利、麦当劳，其当家产品也不过是剃须刀、汉堡包加薯条的小产品而已。日本尼西奇公司凭借"一块尿布闯天下"，使不起眼的尿布成了畅销海内外70多个国家和地区的大宗产品。青岛金王集团生产一种科技含量很高的环保型小蜡烛，在国际市场上一支就可赚两美元，而我国出口一台大彩电能赚取的利润也不过四五美元而已——几支小蜡烛就抵上一台大彩电，事实说明，一个企业不在于它生产的产品的大小，关键是看它所开发的产品是不是适应市场的需求，小产品同样有大市场，同样会给商家带来可观的经济效益。

二、竞争对手≠竞争敌手

企业间没有纯粹的竞争，对手之间的关系是对立统一关系，既竞争又合作，是二者的有机结合。现代企业家认为，竞争是与时代的竞争，是与自己的竞争，而不是与同行竞争。2012年，美国国际商用机器公司（IBM）和台湾电脑公司（Acer）签订了一项为期7年、价值80亿美元的业务合约，根据合约，两家公司均向双方提供个人电脑的关键部件。然而台湾电脑公司不仅是IBM的供货商（生产IBM的低档电脑，以IBM的品牌出售），其自己的电脑也使用IBM公司制造的主要部件，这样，两家公司便形成了既合作又竞争的局面。再如，近来美国英特尔（Intel）公司与日本索尼公司结成联盟，据说双方甚至没有书面合同。英特尔专门为索尼公司设计一种新型个人电脑，并制造电脑的主要电子部件；而索尼公司则负责组装成品电脑并在美国市场销售，与英特尔的客户竞争；英特尔与索尼之间互不投资，各自承担自己的费用。这一模式显然有别于传统的合资企业和技术转让协议。在这种新型的转包和合作生产关系中，两家企业谁也不控制谁。因此，在经济全球化进程中，同行之间正在探索实行更新型的、能够达到双赢目的的生产经营方式。

第3章 基本函数及其应用

我们生活在一个变化的世界中，一天的气温会随着时间的变化而变化，一个人的体重会随着时间的增加而变化，一天内人的体温在不断变化，我国的人口总数也在不断变化等．

我们看广深高速公路的收费标准：从广州到深圳共122.8公里，途中经过下列地点：萝岗、新塘、道滘、厚街、太平、长安、宝安、福田、皇岗．小车在高速公路行驶的收费标准是0.65元/公里，请查找各路段公里数后计算出广州至宝安、新塘至福田、厚街至皇岗及全程的通行费．

这是一个很大量的工作．但事实上，在高速公路的每一个入口与出口，都有一块已经计算好的收费标牌，清楚地标出各路段的收费金额．

这些数量之间的关系可以称为函数关系，显然，小车走的路程越远，交的费用就越多．

函数是刻画变量之间关系的常用模型，是用来研究现实世界中不同的变化规律的一种工具．本章将介绍函数的概念、表示方法以及函数的性质，学习运用函数解决经济生活中的一些简单问题．

§3.1 函数的概念与表示方法

3.1.1 函数的概念

学习目标：
（1）理解函数的概念；（2）会求函数的定义域；（3）会求函数的函数值．

在事物不断变化的过程中，有许多变化的量，例如，时间、空间等，我们称之为**变量**；同时，又有一些保持不变的量，例如，圆周率 π、地球表面的重力加速度等，称之为**常量**．

有些量相互之间存在着对应的关系，而且对应关系明确．例如，匀速直线行驶的汽车，行驶的路程随时间增加而增加；汽车油箱的汽油储存量随行驶路程的增加而减少．

在前面提到的例子，小车的交费金额与行驶的路程有对应关系．

上面例子中，小车的交费金额 y（元）与走的路程 x（公里）的对应关系为 $y = 0.65x$，

对于任意一个实数 x，y 都有唯一确定的值与之对应. 如：

$$x = 10 \xrightarrow{\ 0.65\ \text{倍}\ } y = 6.5$$

$$x = 20 \xrightarrow{\ 0.65\ \text{倍}\ } y = 13$$

函数 $y = 0.65x$ 的自变量 x 的取值范围 $\{x \mid 0 \leqslant x \leqslant 122.8\}$ 叫做这个函数的**定义域**. 函数 $y = 0.65x$ 的自变量 x 可以取 $0 \leqslant x \leqslant 122.8$ 中的任意实数.

对于定义域中的一个元素，变量 y 都有唯一确定的值与之对应，这个值称为**函数值**. 如：当 $x = 100$ 时，函数值为 65，记作 $f(100) = 65$；当 $x = 122.8$ 时，函数值为 79.82，记作 $f(122.8) = 79.82$. 函数 $y = 0.65x$ 所有的函数值构成的集合 $\{y \mid 0 \leqslant y \leqslant 79.82\}$ 称为这个函数的**值域**.

一般地，在一个变化过程中，有两个变量 x 和 y，如果对于取值范围内的每一个 x 值，y 都有唯一确定的值与它对应，那么就说 y 是 x 的**函数**，记作 $y = f(x)$. 其中 x 叫**自变量**，y 叫**因变量**. 自变量 x 的取值范围叫做函数 $f(x)$ 的**定义域**. 对于定义域中的一个元素 a，变量 y 都有唯一确定的值与之对应，这个值称为**函数值**，用记号 $f(a)$ 表示. 所有的函数值构成的集合称为**值域**.

例 3 - 1 上市公司深发展 A（000001）在 2 月 1 日至 3 月 30 日两个月期间，股价在 19.50 ~ 25.50 元之间波动，其中 3 月 1 ~ 5 日五天内该股的收盘价分别为（单位：元/股）：21.30、21.45、22.10、21.90、20.95；

其公司总股数为 8 330 万股. 回答下列问题：

（1）写出股票总值与股价之间的函数关系式；

（2）3 月 1 ~ 5 日股价的取值范围；

（3）如果股价为 23 元，其股票总值是多少？

（4）计算这五天的每天股票总值；

（5）在 2 月 1 日至 3 月 30 日期间，公司股票最高总值和最低总值是多少？

解：（1）设股价为 x（元/股），股票总值为 y（万元），则股票总值 y 与股价 x 之间的函数关系式为 $y = 8\ 330x$；

（2）3 月 1 ~ 5 日股价的取值范围为 $\{21.30,\ 21.45,\ 22.10,\ 21.90,\ 20.95\}$；

（3）股价为 23 元时，股票总值为：

$f(23) = 8\ 330 \times 23 = 191\ 590$

（4）3 月 1 ~ 5 日的每天股价总值分别为：

$f(21.30) = 8\ 330 \times 21.30 = 177\ 429$

$f(21.45) = 8\ 330 \times 21.45 = 178\ 678.5$

$f(22.10) = 8\ 330 \times 22.10 = 184\ 093$

$f(21.90) = 8\ 330 \times 21.90 = 182\ 427$

$f(20.95) = 8\ 330 \times 20.95 = 174\ 513.5$

（5）由题意可知，深发展 A 在 2 月 1 日至 3 月 30 日期间股价最高 25.50 元，最低 19.50 元.

$f(25.50) = 8\ 330 \times 25.50 = 212\ 415$

$f(19.50) = 8\ 330 \times 19.50 = 162\ 435$

所以在此期间公司股票最高总值为 212 415 万元，最低总值为 162 435 万元.

例3-2 已知函数 $f(x) = x^2 - 1$，求 $f(-a)$，$f(a-2)$.

解： $f(-a) = (-a)^2 - 1 = a^2 - 1$

$$f(a-2) = (a-2)^2 - 1$$
$$= a^2 - 4a + 4 - 1$$
$$= a^2 - 4a + 3$$

例3-3 已知函数 $f(x) = \dfrac{1}{2x-4}$，求 $f(-1)$，$f(1)$ 和函数的定义域.

解： $f(-1) = \dfrac{1}{2 \times (-1) - 4} = \dfrac{1}{-6} = -\dfrac{1}{6}$

$$f(1) = \dfrac{1}{2 \times 1 - 4} = \dfrac{1}{-2} = -\dfrac{1}{2}$$

要使已知函数有意义，当且仅当 $2x - 4 \neq 0$，即 $x \neq 2$.

所以该函数的定义域为 $\{x \mid x \neq 2\}$.

例3-4 已知函数 $f(x) = \sqrt{x-1}$，求函数的定义域和值域.

解： 要使已知函数有意义，当且仅当 $x - 1 \geqslant 0$，即 $x \geqslant 1$.

所以该函数的定义域为 $\{x \mid x \geqslant 1\}$；

因为 $f(x) = \sqrt{x-1} \geqslant 0$，所以该函数的值域为 $\{y \mid y \geqslant 0\}$.

1. 学校超市某种矿泉水的售价为2元/瓶，矿泉水的销售数量 x（瓶）和销售金额 y（元）的关系式是_____.

2. 在函数 $y = 2300 \times 5\% x$ 中，_____叫做自变量，_____叫做因变量，_____叫做常量，_____叫做_____的函数.

3. 已知函数 $f(x) = x^2 + 2$，则 $f(-3) = $（   ）.

  A. -4 B. 11   C. 8   D. -6

4. 已知函数 $g(x) = 2x - 1$，则 $g(0) = $（   ）.

  A. 2   B. -3 C. 1   D. -1

5. 已知函数 $y = \dfrac{4}{x}$，当 $y = 2$ 时，$x = $（   ）.

  A. 1   B. 6   C. 2   D. 8

6. 函数 $f(x) = x + 3$，则 $f(a-1) = $（   ）.

  A. $a + 2$ B. $a - 1$ C. $a + 3$ D. $a + 1$

7. 某企业 2002~2005 年的净利润统计见表3-1。

表3-1

x（年）	2002	2003	2004	2005
y（万元）	23	26	38	39

表3-1中的 x 表示时间，y 表示净利润，y 是 x 的函数，则：

(1) $f(2002) = $ _____; $f(2005) = $ _____;

(2) 该函数的定义域为_____;

(3) 该函数的值域为_____.

8. 求下列函数的定义域.

(1) $f(x) = \dfrac{1}{x-3}$　　　　　　(2) $f(x) = \dfrac{1}{\sqrt{x+2}}$

(3) $f(x) = \sqrt{x^2-1}$　　　　　　(4) $f(x) = \sqrt{2x-1} + \sqrt{x+2}$

(5) $f(x) = \dfrac{2x+1}{\sqrt{3-x}} + \sqrt{x+4}$　　　　(6) $f(x) = \dfrac{1-x}{2x+4} + \sqrt{3-2x}$

9. 求下列函数的定义域与值域.

(1) $y = 2x+3$　　　(2) $y = x^2 - 2x + 5$　　　(3) $f(x) = \sqrt{6-3x}$

3.1.2　函数的表示方法

学习目标:

(1) 了解函数的列表法和公式法; (2) 会画简单函数的图像; (3) 理解分段函数的概念, 会求分段函数的函数值.

我们在初中已学过, 表示函数通常有三种方法: 公式法、列表法和图像法.

还记得吗?

1. 公式法

用数学式子来表示两个变量之间的对应关系的方法叫**公式法**.

例 3-5　新华书店有《哈利·波特》80 本, 每本售价 25 元, 则销售数量 x (本) 与销售金额 y (元) 之间的函数关系可以表示为:
$$y = 25x \quad (0 \leqslant x \leqslant 80 \text{ 且 } x \text{ 是整数})$$

例 3-6　某服装批发部有种毛衣, 零售价为每件 55 元, 若购买超过 10 件售价为每件 40 元. 如果用 x 表示售出毛衣件数, $f(x)$ 表示销售金额, 则上述关系可以用以下数学式子表示:
$$f(x) = \begin{cases} 55x, & 0 \leqslant x \leqslant 10 \text{ 且 } x \text{ 是整数} \\ 40x, & x > 10 \text{ 且 } x \text{ 是整数} \end{cases}$$

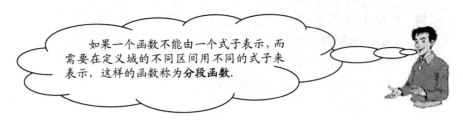

如果一个函数不能由一个式子表示，而需要在定义域的不同区间用不同的式子来表示，这样的函数称为**分段函数**.

例 3 – 7 已知分段函数 $f(x) = \begin{cases} x, & x > 1 \\ 2x + 3, & x \leq 1 \end{cases}$，求 $f(3)$，$f(1)$，$f(-3)$.

解： 因为 $3 \in \{x | x > 1\}$，所以 $f(3) = 3$；

因为 $1 \in \{x | x \leq 1\}$，所以 $f(1) = 2 \times 1 + 3 = 5$；

因为 $-3 \in \{x | x \leq 1\}$，所以 $f(-3) = 2 \times (-3) + 3 = -3$.

例 3 – 8 已知 $f(x)$ 是定义域在 R 上的函数，且 $f(x+1) = x^2 - x + 1$，求 $f(x)$ 的表达式.

解： 令 $x + 1 = t$，则 $x = t - 1$，

所以 $f(t) = (t-1)^2 - (t-1) + 1$

$\qquad\qquad = t^2 - 3t + 3$

即 $f(x) = x^2 - 3x + 3$

2. 列表法

用表格表示因变量随自变量的变化而变化的方法称为**列表法**.

例 3 – 9 假设92#、97#汽油的零售价分别是 5.36 元/升、5.86 元/升，如果要购买 50 元、100 元、150 元、200 元、250 元、300 元汽油，分别应售出多少升？

解： 这个问题可以用表格列出，见表 3 – 2.

表 3 – 2

售出（元）	50	100	150	200	250	300
92#（升）	9.33	18.66	27.99	37.32	46.65	55.97
97#（升）	8.53	17.06	25.60	34.13	42.66	51.19

3. 图像法

用平面直角坐标系的图形来表示函数的方法称为**图像法**.

例 3 – 10 图 3 – 1 表示了某港口某日从 0 ~ 7 时水深变化情况.

请问：

（1）1 时的水深是多少？

（2）这天从 0 ~ 7 时，何时达到最高水位，最高是多少？何时达到最低水位，最低水位是多少？

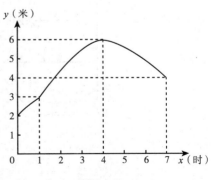

图 3 – 1

解：如图 3 - 1 所示：

（1）1 时的水深为 3 米；

（2）4 时达到最高水位 6 米，0 时达到最低水位 2 米.

例 3 - 11 画出函数 $y = x - 1$ 的图像.

解：（1）列表，见表 3 - 3.

（2）描点，见图 3 - 2.

（3）连线，见图 3 - 2.

表 3 - 3

x	0	1
y	- 1	0

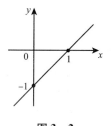

图 3 - 2

函数的图像具有直观、简洁的特点，因此在讨论函数的性质时，常需作出函数的图像.

1. 通常，显示股市走势行情用（　　），显示股市中各个股票价格用（　　），计算上市公司总市值时用（　　）.

A. 公式法　　　　　　　　B. 列表法

C. 图像法　　　　　　　　D. 三种都用

2. 如图 3 - 3 所示是某地某天温度变化的情况：

请问：（1）上午 9 时的温度是多少？24 时呢？

（2）这一天的最高温度是多少？是在几时达到的？最低气温呢？

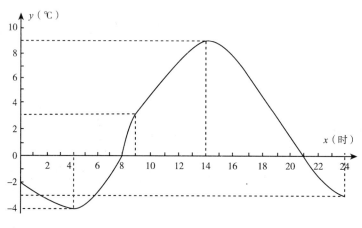

图 3 - 3

3. 函数 $f(x) = \begin{cases} x^2, & x \geqslant 0 \\ x+1, & x < 0 \end{cases}$，则 $f(-2) =$ _____，$f(0) =$ _____，$f(2) =$ _____.

4. 函数 $f(x) = \begin{cases} x-1, & x \geqslant 3 \\ 5, & x < 3 \end{cases}$，则 $f(0) = ($ ___ $)$，$f(3) = ($ ___ $)$.

A. 2　　　　　　　B. -1　　　　　　　C. 4　　　　　　　D. 5

5. 某超市有一种水杯4个，每个售价5元，求售出数量 x（个）与销售金额 y（元）之间的函数关系，用公式法表示，并画出其图像.

6. 在我国，个人所得税采用的是九级超额累进税率的计算方法. 工资、薪金所得按以下步骤计算缴纳个人所得税：每月取得工资、薪金所得后，先减去个人承担的基本养老保险金、医疗保险金、失业保险金，以及按省级规定标准缴纳的住房公积金，再减去费用扣除额2 000元/月，为应纳税所得额，按5%～45%的九级超额累进税率计算缴纳个人所得税.

个人所得税计算公式是：

应纳个人所得税税额 = 应纳税所得额 × 适用税率 − 速算扣除数

工资、薪金所得项目税率见表3-4.

表3-4

级数	全月应纳税所得额 x（元）	税率（%）	速算扣除数（元）
1	$0 < x \leqslant 500$	5	0
2	$500 < x \leqslant 2\,000$	10	25
3	$2\,000 < x \leqslant 5\,000$	15	125
4	$5\,000 < x \leqslant 20\,000$	20	375
5	$20\,000 < x \leqslant 40\,000$	25	1\,375
6	$40\,000 < x \leqslant 60\,000$	30	3\,375
7	$60\,000 < x \leqslant 80\,000$	35	6\,375
8	$80\,000 < x \leqslant 100\,000$	40	10\,375
9	$x > 100\,000$	45	15\,375

求：（1）如果李小姐4月工资收入2 400元，当月个人承担住房公积金、基本养老保险金、医疗保险金、失业保险金共计450元，那么她应缴纳个人所得税多少元？

（2）如果王小姐5月工资收入4 000元，当月个人承担住房公积金、基本养老保险金、医疗保险金、失业保险金共计600元，那么她应缴纳个人所得税多少元？

（3）如果梁先生8月工资收入6 000元，津贴600元，当月个人承担住房公积金、基本养老保险金、医疗保险金、失业保险金共计800元，那么他应缴纳个人所得税多少元？

（4）如果张先生10月工资收入7 250元，又收到出版社发给稿酬1 400元，当月个人承担住房公积金、基本养老保险金、医疗保险金、失业保险金共计1 000元，那么他应缴纳个人所得税多少元？

7. 画出下列一次函数的图像：

（1）$y = x$　　　　　　　　（2）$y = -2x + 1$

8. 画出下列函数的图像；

（1）$y = |2x|$　　　　　　　（2）$f(x) = \begin{cases} x-1, & x \geqslant 3 \\ 5, & x < 3 \end{cases}$

一、判断题

1. 函数的定义域是指未知数 y 的取值范围. （　　）

2. 函数 $y = \sqrt{x-3}$ 的定义域为 $\{x \mid x > 3\}$. （　　）

3. 函数只能用公式法表示. （　　）

4. 所有的函数值构成的集合称为值域. （　　）

5. 函数 $y = \dfrac{3}{2x-4}$ 的定义域为 $\{x \mid x \neq 2\}$. （　　）

6. 函数 $y = \begin{cases} x^2, & x < 3, \\ x+1, & x \geq 3 \end{cases}$ 表示两个函数. （　　）

7. 点 $(-1, 1)$ 在函数 $y = 2x + 3$ 的图像上. （　　）

8. 函数 $y = \sqrt{x+1}$ 的值为 $\{x \mid x \geq -1\}$. （　　）

二、选择题

1. 下列函数中, 图像经过原点的是（　　）.

A. $y = x - 3$ B. $y = 2x^2 - 3$ C. $y = x^2$ D. $y = -4x + 2$

2. 函数 $y = \dfrac{x}{\sqrt{x-5}}$ 的定义域为（　　）.

A. $\{x \mid x \neq 5\}$ B. $\{x \mid x \geq 5\}$ C. $\{x \mid x > 5\}$ D. $\{x \mid x = 5\}$

3. 若函数 $f(x) = x + 1$, 则 $f(c) = $（　　）.

A. $c + 1$ B. $-c + 1$ C. $-c - 1$ D. $c - 1$

4. 下列点中, 在函数 $f(x) = 3x - 2$ 的图像上的是（　　）.

A. $(1, 3)$ B. $(1, 1)$ C. $(-1, 1)$ D. $(3, 6)$

5. 函数 $f(x) = \begin{cases} x, & x \geq -5 \\ 2x - 3, & x < -5 \end{cases}$, 则 $f(1) = $（　　）.

A. 2 B. 1 C. -1 D. 1 或 -1

6. 函数 $y = x$, $x \in [0, 1]$, 下列图像表示正确的是（　　）.

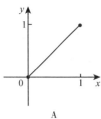 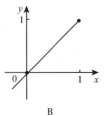 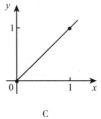 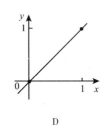

A　　　　　　　B　　　　　　　C　　　　　　　D

图 3 - 4

7. 下列点中, 在函数 $y = x^2 + 1$ 的图像上的是（　　）.

A. $(-1, 3)$ B. $(3, 2)$ C. $(2, 0)$ D. $(0, 1)$

8. 函数 $f(x) = 2x - 1$, 则 $f(-1) = $（　　）.

A. 0 B. 1 C. 2 D. -3

三、填空题

1. 在函数 $y = f(x)$ 中，_____叫做自变量，_____叫做因变量，_____叫做_____的函数.

2. 某超市有种大米，每斤售价 2.5 元，售出大米的数量 x（斤）与销售金额 y（元）之间的函数关系是_____.

3. 图 3 - 5 表示一辆汽车的速度随时间变化而变化的情况：

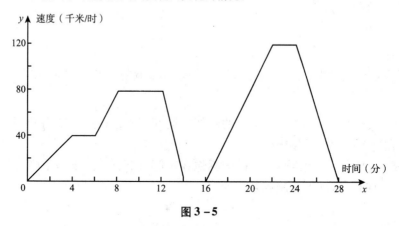

图 3 - 5

请问：（1）汽车从出发到最后停止共经过了_____分钟，最高时速是_____千米/小时.

（2）汽车在_____时段保持匀速行驶，时速分别是_____千米/时、_____千米/时、_____千米/时.

（3）出发后 14 分到 16 分之间汽车的速度是_____千米/时.

4.（1）函数 $y = \sqrt{1-x}$ 的定义域为_____；值域为_____；

（2）函数 $y = \dfrac{2}{\sqrt{1-x}}$ 的定义域为_____；

（3）函数 $y = \dfrac{3x}{x-3}$ 的定义域为_____；

（4）函数 $y = \dfrac{3x+1}{4x-8}$ 的定义域为_____；

（5）函数 $y = 3x - 6$ 的定义域为_____；值域为_____；

（6）函数 $y = x^2 - x + 8$ 的定义域为_____；值域为_____；

（7）函数 $y = \dfrac{1}{x^2 - 3x + 2}$ 的定义域为_____.

5. 函数 $f(x) = 3x^2 - 1$，则 $f(0) = $_____，$f(1) = $_____，$f(-1) = $_____.

6. 函数 $f(x) = \begin{cases} 2x, & x \geqslant 0 \\ 2, & x < 0 \end{cases}$，则 $f(0) = $_____，$f(3) = $_____，$f(-3) = $_____.

7. 函数 $f(x) = \begin{cases} x^2 + 1, & x \in [1,3] \\ 2 - x, & x \in (-4,1) \end{cases}$，则 $f(2) = $_____，$f(1) = $_____，$f(-1) = $_____.

四*、画出下列函数的图像

（1）$y = -x + 2$ （2）$y = |-x|$ （3）$f(x) = \begin{cases} x+1, & x \geqslant -1 \\ x, & x < -1 \end{cases}$

§3.2 函数的性质

3.2.1 函数的单调性

学习目标:
(1) 理解函数单调性的概念;(2) 会判断和证明一些简单函数的单调性.

如图 3 - 6 (a) 所示,函数 $y = f(x)$ 的图像在区间 (x_1, x_2) 上呈上升趋势,那么就说函数 $y = f(x)$ 在这个区间上是**增函数**.

如图 3 - 6 (b) 所示,函数 $y = f(x)$ 的图像在区间 (x_1, x_2) 上呈下降趋势,那么就说函数 $y = f(x)$ 在这个区间上是**减函数**.

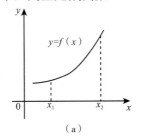 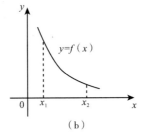

图 3 - 6

如果在给定的区间上自变量增大时,函数值也随着增大,即对于属于该区间内的任意两个不相等的值 x_1 和 x_2,当 $x_1 < x_2$ 时,都有 $f(x_1) < f(x_2)$,则称函数在该区间上是**增函数**.

如果在给定的区间上自变量增大时,函数值反而减少,即对于属于该区间内的任意两个不相等的值 x_1 和 x_2,当 $x_1 < x_2$ 时,都有 $f(x_1) > f(x_2)$,则称函数在该区间上是**减函数**.

如果一个函数在某个区间上是增函数或是减函数,就说这个函数在这个区间上具有(严格的) **单调性**.

例 3 - 12 函数 $y = f(x)$ 的图像如图 3 - 7 所示,说出函数在哪个区间上是减函数? 在哪个区间上是增函数? 并比较 $f(0)$ 与 $f(1)$ 的大小,$f\left(\dfrac{3}{2}\right)$ 与 $f(2)$ 的大小.

解:如图 3 - 7 所示,函数 $y = f(x)$ 的图像在区间 $(-2, -1)$ 和 $(1, 2)$ 上呈下降趋势,在区间 $(-1, 1)$ 和 $(2, 4)$ 上呈上升趋势,

∴ 函数 $y = f(x)$ 在区间 $(-2, -1)$ 上是减函数;

在区间 $(-1, 1)$ 上是增函数,$f(0) < f(1)$;

在区间 $(1, 2)$ 上是减函数,$f\left(\dfrac{3}{2}\right) > f(2)$;

在区间 $(2, 4)$ 上是增函数.

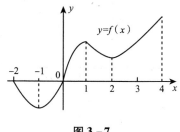

图 3-7

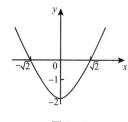

图 3-8

例 3-13 函数 $y = x^2 - 2$ 的图像如图 3-8 所示，说出函数在哪个区间上是减函数？在哪个区间上是增函数？

解： 如图 3-8 所示，函数 $y = x^2 - 2$ 的图像在区间 $(-\infty, 0)$ 上呈下降趋势，所以函数在区间 $(-\infty, 0)$ 上是减函数；函数 $y = x^2 - 2$ 的图像在区间 $(0, +\infty)$ 上呈上升趋势，所以函数在区间 $(0, +\infty)$ 上是增函数.

*例 3-14 不画图像，判断函数 $f(x) = x - 2$ 在 $(-\infty, +\infty)$ 上是增函数还是减函数.

解： 任意取 $x_1, x_2 \in (-\infty, +\infty)$，且 $x_1 < x_2$，则：

$f(x_1) - f(x_2) = (x_1 - 2) - (x_2 - 2) = x_1 - x_2 < 0$

故有 $f(x_1) < f(x_2)$

所以函数 $f(x) = x - 2$ 在 $(-\infty, +\infty)$ 上是增函数.

---

1. 函数的图像在某个区间上呈下降趋势，则这个函数在这个区间上是_____函数，函数的图像在某个区间上呈上升趋势，则这个函数在这个区间上是_____函数（填"增"或"减"）.

2. 如图 3-9 所示，函数 $y = f(x)$ 在哪些区间上是增函数？在哪些区间上是减函数？并比较 $f(-3)$ 与 $f(-2)$ 的大小，$f(0)$ 与 $f(1)$ 的大小.

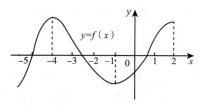

图 3-9

3. 画出函数 $y = x - 2$ 的图像，并从图像上判断函数在定义域上是增函数还是减函数？

解：（1）列表，见表 3-5.

（2）描点，见图 3-10.

（3）连线，见图 3-10.

表 3-5

x		
y		

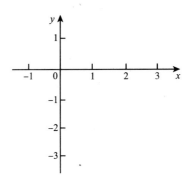

图 3-10

如图 3-10 所示，函数 $y = x - 2$ 在定义域 R 上是_____函数.

4. 画出函数 $y = -x + 1$ 的图像，并从图像上判断函数在定义域上是增函数还是减函数？

解：（1）列表，见表 3-6.

（2）描点，见图 3-11.

（3）连线，见图 3-11.

表 3-6

x		
y		

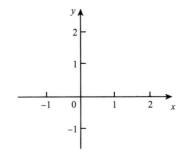

图 3-11

如图 3-11 所示，函数 $y = -x + 1$ 在定义域 R 上是_____函数.

5. 判断对错：函数 $y = 1 - x^2$ 的图像如图 3-12 所示.

（1）函数 $y = 1 - x^2$ 在区间 $(-\infty, 0)$ 上是增函数；（　　）

（2）函数 $y = 1 - x^2$ 在区间 $(0, +\infty)$ 上是减函数；（　　）

（3）函数 $y = 1 - x^2$ 在区间 $(-\infty, +\infty)$ 上是增函数；（　　）

（4）函数 $y = 1 - x^2$ 在区间 $(-\infty, +\infty)$ 上不具有单调性.（　　）

6. 宝山钢铁股份有限公司（简称"宝钢"）的每股收益三季报点线图如图 3-13 所示，请说出该公司在哪几年的三季度每股收益是增加的，在哪几年是减少的？

7. 不画图像，判断函数 $f(x) = -x + 3$ 在 $(-\infty, +\infty)$ 上是增函数还是减函数.

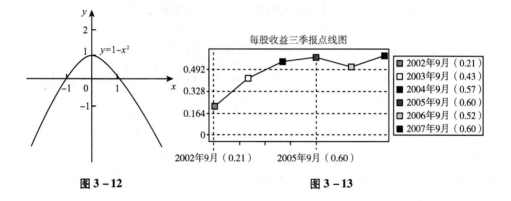

图 3 – 12 图 3 – 13

3.2.2　函数的奇偶性

学习目标：
（1）理解函数奇偶性的概念；（2）会判断简单函数的奇偶性.

　　对称性在自然界中的存在是一个普遍的现象，99%的现代动物是左右对称祖先的后代.如蝴蝶就是最典型的左右对称动物.

　　人具有独一无二的对称美，所以人们又往往以是否符合"对称性"去审视大自然，并且创造了许多具有"对称性"美的艺术品，如风车.

　　数学中，很多函数的图像也具有对称性.

　　如果对于函数 $y = f(x)$ 的定义域内的任意一个 x，都有 $f(-x) = -f(x)$，则这个函数叫做**奇函数**.如图 3 – 14（a）所示，函数 $y = f(x)$ 的图像是以坐标原点为对称中心的中心对称图形，则称函数 $y = f(x)$ 是**奇函数**；反之若函数 $y = f(x)$ 是奇函数，则它的图像是以坐标原点为对称中心的中心对称图形.

　　如果对于函数 $y = f(x)$ 的定义域内的任意一个 x，都有 $f(-x) = f(x)$，则这个函数叫做**偶函数**.如图 3 – 14（b）所示，函数 $y = f(x)$ 的图像是以 y 轴为对称轴的轴对称图形，则称函数 $y = f(x)$ 是**偶函数**；反之若函数 $y = f(x)$ 是偶函数，则它的图像是以 y 轴为对称轴的轴对称图形.

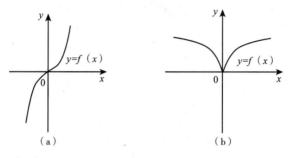

图 3 – 14

如果一个函数既不是奇函数也不是偶函数，则称其为**非奇非偶函数**.

注意：从奇函数与偶函数的定义可知，奇函数与偶函数的定义域对应的区间必须是关于坐标原点对称；如果一个函数的定义域对应的区间关于坐标原点不对称，那么这个函数没有奇偶性可言，即这个函数是非奇非偶函数.

例如，函数 $f(x)=x^2-1$，当定义域 $x\in[-1,1]$ 时，这个函数是偶函数；当定义域 $x\in[-1,3]$ 时，区间 $[-1,3]$ 不关于坐标原点对称，这个函数是非奇非偶函数.

例 3 – 16　画出函数 $y=2x$ 的图像，判断函数 $y=2x$ 是偶函数还是奇函数.

解：（1）列表，见表 3 – 7.

（2）描点，见图 3 – 15.

（3）连线，见图 3 – 15.

表 3 – 7

x	0	1
y	0	2

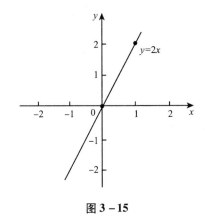

图 3 – 15

由图 3 – 15 可知，函数 $y=2x$ 的图像是以坐标原点为对称中心的中心对称图形，所以函数 $y=2x$ 是奇函数.

例 3 – 17　函数 $y=x^2+1$ 的图像如图 3 – 16 所示，判断函数 $y=x^2+1$ 是偶函数还是奇函数.

解：由图 3 – 16 可知，函数 $y=x^2+1$ 的图像是以 y 轴为对称轴的轴对称图形，所以函数 $y=x^2+1$ 是偶函数.

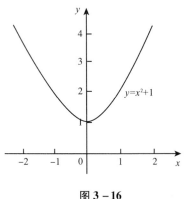

图 3 – 16

例 3 – 18　判断下列函数的奇偶性：

（1）$f(x)=\dfrac{5}{x}$

（2）$f(x)=x^3+1$

（3）$f(x)=x^2+2$

（4）$f(x)=x^2+x^6,x\in[-2,4]$

解：（1）因为函数 $f(x)=\dfrac{5}{x}$ 的定义域是 $D=\{x\,|\,x\neq0\}$，所以当 $x\in D$ 时，必有 $-x\in D$.

又因为　$f(-x)=\dfrac{5}{-x}=-\dfrac{5}{x}=-f(x)$，

所以 $f(x) = \dfrac{5}{x}$ 是奇函数.

(2) 因为函数 $f(x) = x^3 + 1$ 的定义域是 R，所以当 $x \in R$ 时，必有 $-x \in R$.

又因为 $f(-x) = (-x)^3 + 1 = -x^3 + 1 \neq -f(x)$

且 $f(-x) \neq f(x)$

所以 $f(x) = x^3 + 1$ 是非奇非偶函数.

(3) 因为函数 $f(x) = x^2 + 2$ 的定义域是 R，所以当 $x \in R$ 时，必有 $-x \in R$.

又因为 $f(-x) = (-x)^2 + 2 = x^2 + 2 = f(x)$

所以 $f(x) = x^2 + 2$ 是偶函数.

(4) 由题知函数 $f(x) = x^2 + x^6$ 的定义域是 $D = [-2, 4]$，因为 $3 \in D$，而 $-3 \notin D$.

所以 $f(x) = x^2 + x^6$，$x \in [-2, 4]$ 是非奇非偶函数.

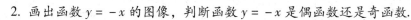

1. 填空.

(1) 若函数 $y = f(x)$ 是偶函数，则它的图像是以_____为对称轴的轴对称图形.

(2) 若函数 $y = f(x)$ 是奇函数，则它的图像是以_____为对称中心的中心对称图形.

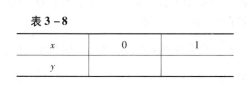

(3) 已知函数 $f(x) = x$，$x \in [-3, 7]$，那么这个函数是_____函数（填"奇"、"偶"或"非奇非偶"）.

2. 画出函数 $y = -x$ 的图像，判断函数 $y = -x$ 是偶函数还是奇函数.

解：(1) 列表，见表 3 - 8.

(2) 描点，见图 3 - 17.

(3) 连线，见图 3 - 17.

由图 3 - 17 可知，函数 $y = -x$ 的图像是以_____的中心对称图形，所以函数 $y = -x$ 是_____.

表 3 - 8

x		0	1
y			

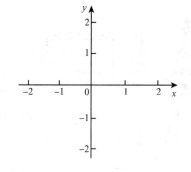

图 3 - 17

3. 函数 $y = -x^2$ 的图像如图 3 - 18 所示，判断函数 $y = -x^2$ 是偶函数还是奇函数.

解：由图 3 - 18 可知，函数 $y = -x^2$ 的图像是以_____的轴对称图形，所以函数 $y = -x^2$ 是_____.

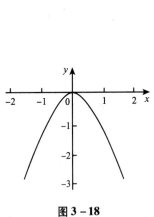

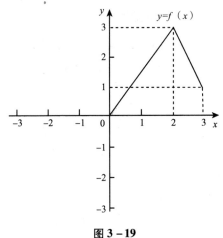

图 3 - 18   图 3 - 19

4. 如图 3 - 19 所示, 给出了函数 $y = f(x)$ 的局部图像:

(1) 若函数 $y = f(x)$ 是奇函数, 画出函数的另一部分图像, 并求 $f(-2)$;

(2) 若函数 $y = f(x)$ 是偶函数, 画出函数的另一部分图像, 并求 $f(-2)$.

5. 判断下列函数的奇偶性, 见图 3 - 20.

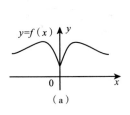
（a）

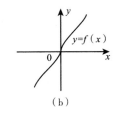
（b）

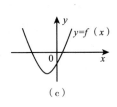
（c）

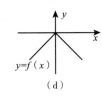
（d）

图 3 - 20

6. 判断下列函数的奇偶性:

(1) $f(x) = 3x^3 + x$ (2) $f(x) = 1 - 2x^3$ (3) $f(x) = 2x^2 - x^4$

习题3.2

一、判断题

1. 若函数 $y = f(x)$ 在区间 (x_1, x_2) 上是增函数, 则函数 $y = f(x)$ 的图像在此区间上呈下降趋势. (　　)

2. 函数 $y = \dfrac{1}{x}$ 的图像如图 3 - 21 所示, 则函数 $y = \dfrac{1}{x}$ 在 $(-\infty, +\infty)$ 上是减函数. (　　)

3. 如图 3 - 21 所示, 函数 $y = \dfrac{1}{x}$ 是奇函数. (　　)

4. 函数 $y = f(x)$ 的奇偶性与此函数的定义域无关. (　　)

5. 函数 $y = x^2$, $x \in (-3, 7)$ 是偶函数. (　　)

二、填空题

1. (1) 若函数 $y = f(x)$ 在区间 (x_1, x_2) 上是减函数, 则函数 $y = f(x)$ 在这个区间上的图像呈_____趋势.

(2) 若函数 $y = f(x)$ 在区间 (x_1, x_2) 上是增函数, 则函数 $y = f(x)$ 在

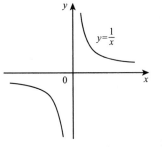

图 3 - 21

这个区间上的图像呈_____趋势.

（3）若函数 $y = f(x)$ 在定义域上是偶函数，则函数 $y = f(x)$ 的图像是以_____为对称轴的轴对称图形.

（4）若函数 $y = f(x)$ 在定义域上是奇函数，则函数 $y = f(x)$ 的图像是以_____为对称中心的中心对称图形.

（5）函数 $f(x) = -3x$，$x \in [-3, 3)$，则这个函数是_____函数（填"奇"、"偶"或"非奇非偶"）.

2. 函数 $y = f(x)$ 如图 3-22 所示，判断函数 $y = f(x)$ 的单调性，并比较大小：

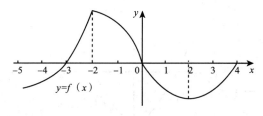

图 3-22

（1）函数 $y = f(x)$ 在区间 $(-2, 2)$ 上是_____函数，$f(0)$_____$f(1)$，$f\left(-\frac{1}{2}\right)$_____$f\left(-\frac{1}{3}\right)$；

（2）函数 $y = f(x)$ 在区间 $(-\infty, -2)$ 上是_____函数，$f(-5)$_____$f(-4)$，$f(-3)$_____ $f\left(-3\frac{1}{2}\right)$；

（3）函数 $y = f(x)$ 在区间 $(2, 4)$ 上是_____函数，$f(2)$_____$f(4)$.

3. 如图 3-23 所示，给出了函数 $y = f(x)$ 的局部图像：

（1）已知函数 $y = f(x)$ 是偶函数，画出函数的另一部分图像；

（2）$f(2) =$ _____；$f(-2) =$ _____；$f(0) =$ _____.

4. 如图 3-24 所示，给出了函数 $y = f(x)$ 的局部图像：

（1）已知函数 $y = f(x)$ 是奇函数，画出函数的另一部分图像；

（2）$f(-3) =$ _____；$f(3) =$ _____.

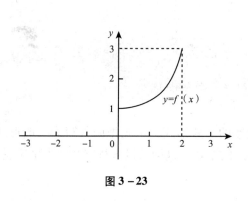

图 3-23

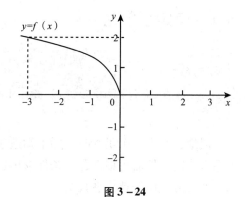

图 3-24

三、解答题

1. 判断下列函数的奇偶性，见图 3-25.

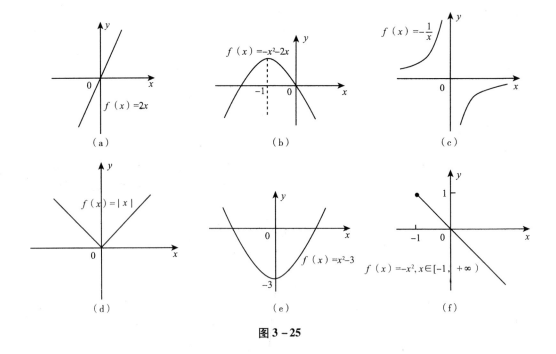

图 3 - 25

2. 判断函数 $f(x) = -x^2$ 在 $(0，+\infty)$ 上是增函数还是减函数.

3. 判断函数 $f(x) = 2x - 1$ 在 $(-\infty，+\infty)$ 上是增函数还是减函数.

4. 判断下列函数的奇偶性:

(1) $f(x) = x^2 + x^{-2}$ (2) $f(x) = x - 2x^3$ (3) $f(x) = x^2，x \in (-3,3]$

§3.3   函数的应用

3.3.1   待定系数法

学习目标:

(1) 理解待定系数法的原理; (2) 会运用待定系数法求简单函数的表达式.

一般地, 在求一个函数时, 如果知道这个函数的一般形式, 可先把函数写为一般形式, 其中系数待定, 然后再根据题设条件求出这些待定的系数. 这种通过求待定系数来确定变量之间关系的方法叫做**待定系数法**.

1. 用待定系数法求一次函数的表达式

例 3 - 19   已知一次函数 $f(x)$, $f(0) = 1$, $f(2) = 4$, 求这个一次函数.

解: 设所求函数为 $f(x) = kx + b$.

根据已知条件得 $\begin{cases} 0+b=1 \\ 2k+b=4 \end{cases}$

解得：$b=1$，$k=\dfrac{3}{2}$

所以所求函数为 $f(x)=\dfrac{3}{2}x+1$

2. 用待定系数法求二次函数的表达式

例3-20 已知二次函数 $f(x)$，$f(0)=-2$，$f(1)=2$，$f(2)=8$，求这个二次函数.

解： 设所求函数为 $f(x)=ax^2+bx+c$.

根据已知条件得 $\begin{cases} 0+0+c=-2 \\ a+b+c=2 \\ 4a+2b+c=8 \end{cases}$

解得：$a=1$，$b=3$，$c=-2$

所以所求函数为 $f(x)=x^2+3x-2$

例3-21 已知二次函数图像的顶点坐标为 $(1，-2)$，并过点 $(3，2)$，求这个二次函数.

解： 根据已知条件，可设所求函数为 $y=a(x-1)^2-2$

因为图像过点 $(3，2)$，所以 $2=a(3-1)^2-2$

解得：$4a=4$，$a=1$

所以所求函数为 $y=(x-1)^2-2$

例3-22 已知曲线 $(x-a)^2+(y-b)^2=r^2$ 经过三点 $A(0，0)$、$B(1，3)$、$C(2，4)$，求曲线方程.

解： 根据已知条件得

$$\begin{cases} a^2+b^2=r^2 \\ (1-a)^2+(3-b)^2=r^2 \\ (2-a)^2+(4-b)^2=r^2 \end{cases}$$

解得：$a=5$，$b=0$，$r=5$

所以所求函数为 $(x-5)^2+y^2=25$

---

1. 已知一个正比例函数的图像通过点 $(1，-2)$，求这个正比例函数.

2. 已知一次函数 $f(x)$，$f(0)=-3$，$f(2)=7$，求这个一次函数.

3. 已知二次函数 $f(x)$，$f(0)=1$，$f(-1)=2$，$f(1)=4$，求这个二次函数.

4. 已知二次函数图像的顶点坐标为 $(-2，1)$，并过点 $(1，5)$，求这个二次函数.

3.3.2 一次函数的应用

学习目标：
会运用一次函数求解一些简单的实际问题.

在初中，我们已经学过一次函数的一些简单应用. 这节我们从经济应用上搜集了一些较为常用的例题，不解释它的专业知识，只从数学角度出发，解决数的运算，让同学们学会把数学知识作为一种有用的工具去解决一些实际的问题.

例 3－23 学校超市有种饮料，购买 8 瓶需要 32 元，如果每瓶的售价不变，试写出这种饮料的销售数量 x（瓶）与销售金额 y（元）之间的函数关系.

解： 依题意，这种饮料的售价为 $\dfrac{32}{8} = 4$ 元/瓶.

因此这种饮料的销售金额 y 与销售数量 x 的函数关系为：

$$y = 4x, \ x \in N$$

例 3－24 上海磁悬浮列车从浦东机场开出 2km 后，以 240km/h 匀速行驶，试写出磁悬浮列车运行的总路程 $S(\text{km})$ 与匀速运动时间 $t(\text{h})$ 之间的函数关系.

解： 因为磁悬浮列车匀速运动 t 小时后，运行的路程为 $240t \ \text{km}$，所以总路程 S 与作匀速运动的时间 t 的关系为：

$$S = 2 + 240t \ (t \geqslant 0)$$

例 3－25 上市公司中国石化（600028）在 2007 年 12 月的股票价格如图 3－26 所示，说出 12 月 5 日、7 日、18 日、24 日、27 日、28 日中国石化的股票价格.

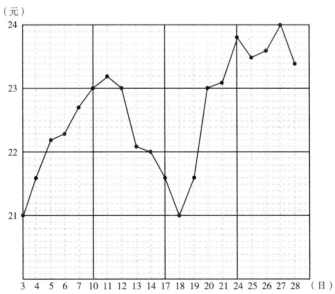

图 3－26

　　　　　　　　　　　　　　　　　　　　财经应用数学基础模块

解： 由图 $3-26$ 可知，中国石化在 12 月 5 日、7 日、18 日、24 日、27 日、28 日的股价分别为 22.2 元、22.7 元、21.0 元、23.8 元、24.0 元、23.4 元.

---

1. 一次函数 $y = kx - 2$ 的图像经过点 $(-3, 4)$，则 $k = $ _____.

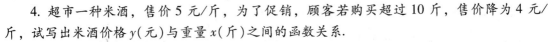

2. 下列各点，在函数 $y = 4x - 2$ 的图像上的是（　　）.

    A. $(0, 2)$ B. $(1, 2)$

    C. $(2, 1)$ D. $(1, 4)$

3. 市场上 6kg 大豆的价格为 18 元，如果每千克的售价不变，试写出这种大豆的销售金额 y（元）与销售数量 x（kg）之间的函数关系，并计算出 10kg 大豆的价格是多少元?

4. 超市一种米酒，售价 5 元/斤，为了促销，顾客若购买超过 10 斤，售价降为 4 元/斤，试写出米酒价格 y（元）与重量 x（斤）之间的函数关系.

5. 一辆火车从广州站开出 10km 后，以 70km/h 匀速行驶，试写出火车总路程 S（km）与匀速运动的时间 t（h）之间的函数关系.

6. 广深高速公路的收费标准：从广州到深圳共 122.8km，途中经过下列地点：火村、箩岗、新塘、道滘、厚街、太平、长安、宝安、福田、皇岗. 小车在高速公路行驶的收费标准是 0.65（元/车公里），请计算出火村至宝安（路程：104 公里）、新塘至福田（路程：97 公里）、厚街至皇岗（路程：59 公里）及全程的收费.

3.3.3 简单二次函数的应用

> **学习目标：**
> 会运用二次函数的性质求解一些简单的实际问题.

我们知道二次函数 $y = ax^2 + bx + c$（$a \neq 0$）的定义域是 R，它的图像是一条抛物线.

例如：将函数 $y = x^2 + 4x + 5$ 配方得，

$$y = x^2 + 4x + 5$$
$$= (x^2 + 4x + 4) + 1$$
$$= (x + 2)^2 + 1$$

从上式我们可得到这个二次函数有如下性质：

这个函数的图形是一条抛物线，抛物线的顶点坐标是 $(-2, 1)$，抛物线的对称轴是直线 $x = -2$. 因为 $a = 1 > 0$，所以抛物线的开口向上. 该函数在 $x = -2$ 时，取最小值 1，在区间 $(-\infty, -2]$ 上是减函数，在 $[-2, +\infty)$ 上是增函数.

又例如：函数 $y = -2x^2 + 4x - 5$

$$= -2(x^2 - 2x + 1) - 3$$
$$= -2(x - 1)^2 - 3$$

这条抛物线的顶点坐标是 $(1, -3)$，抛物线的对称轴是直线 $x = 1$. 因为 $a = -2 < 0$，

所以抛物线的开口向下．该函数在 $x=1$ 时，取最大值 -3，在区间 $(-\infty，1]$ 上是增函数，在 $[1，+\infty)$ 上是减函数．

例 3-26 某学校计划修建一个足球场，围绕足球场的是一条 400 米跑道，如果要使足球场的面积最大，问足球场的长和宽各等于多少？

解：设足球场的长为 x，则宽为 $\dfrac{400-2x}{2}=200-x$，则矩形的面积为：

$$
\begin{aligned}
S &= x(200-x) \\
&= -x^2+200x \\
&= -(x^2-200x+100^2-100^2) \\
&= -(x-100)^2+10\,000
\end{aligned}
$$

由此可得，该函数在 $x=100$ 米时取最大值 $S=10\,000\ m^2$，这时宽为 $200-100=100$ 米，即这个足球场是边长等于 100 米的正方形时，足球场的面积最大．

例 3-27 家家旺超市销售一种水杯的成本 C（元）与销售量 $x(0\le x\le 35$，单位：个）的关系式为 $C=100+10x$，而总收益 R（元）与销售量 x 的关系式为 $R=30x-\dfrac{1}{2}x^2$.

（1）试求利润 L 与销售量 x 的关系式；（提示：总收益 = 成本 + 利润）

（2）当销售量为多少时，超市所获得的利润最大？最大利润是多少？

解：（1）由题知，利润 $L=R-C$

$$
\begin{aligned}
&= \left(30x-\dfrac{1}{2}x^2\right)-(100+10x) \\
&= -\dfrac{1}{2}x^2+20x-100 \\
&= -\dfrac{1}{2}(x-20)^2+100
\end{aligned}
$$

（2）由第（1）题 $L=-\dfrac{1}{2}(x-20)^2+100$ 可得，当 $x=20$ 时，取最大值 $L=100$，即水杯的销售量为 20 个时，超市所获得的利润最大为 100 元．

想一想

练习3.3.3

练一练

1. 求下列二次函数的顶点坐标、对称轴和最值：

（1）$y=x^2+4x+5$；   （2）$y=-2x^2+4x-5$.

2. 正方形边长为 4cm，若边长增加 x，则面积增加 y，写出 y 与 x 的函数关系式．

3. 一城市要在某广场计划修建一个矩形绿化草坪，规定草坪的周长为 800m，如果要使草坪的面积最大，问草坪的长和宽各等于多少？

4. 某车间生产一种零件的总利润 y（元）是产量 x（件）的二次函数为：

$y=-x^2+1\,000x-50\,000\ (0\le x\le 900$ 且 x 是整数）

试问：产量是多少时总利润最大？最大利润是多少？

1. 已知一个反比例函数的图像通过点 (2，3)，求这个反比例函数.

2. 已知函数 $f(x) = ax + b$，$f(2) = -2$，$f(6) = 0$，求 $f(0)$.

3. 已知二次函数 $f(x)$，其图像经过 $A(2，-3)$，$B(-2，-7)$，$C(0，-3)$三点，求这个二次函数.

4. 现有100米长的篱笆材料，利用一面长度够用的墙作为一边，围成一个矩形的猪圈，问此矩形的长、宽各为多少时，猪圈的面积最大？最大面积是多少？

5. 已知二次函数 $f(x)$，其图像的顶点为 $(-1，2)$，并过原点，求这个二次函数.

6. 新华商场销售某种冰箱，每台进价为2 500元. 市场调研表明：当销售价为2 900元时，平均每天能售出8台；而销售价每降低50元，平均每天能多售4台. 商场要想使这种冰箱的销售利润平均每天达到5 000元，每台冰箱的定价应为多少元？

7. 某商场将进货价为每个30元的台灯以40元售出，平均每月能售出600个. 市场调研表明：销售价每上涨1元，其销售量就将减少10个. 商场要想销售利润平均每月达到最大，每个台灯的定价应为多少元？这时应进台灯多少个？

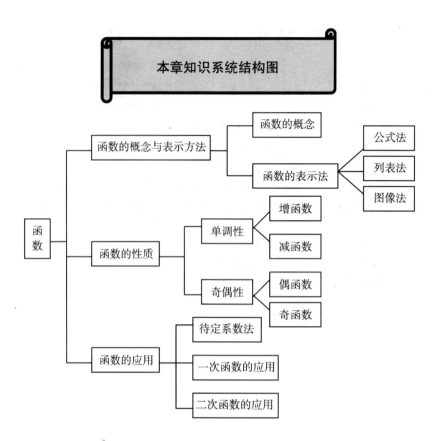

考一考

复习题

一、选择题

1. 在直线 $y = 2x - 1$ 上的一个点是（　　）.

　　A.（-1，-3）　　　B.（-1，3）　　　C.（1，3）　　　D.（1，-3）

2. 函数 $y = \sqrt{-x+1}$ 的定义域是（　　）.

　　A.（$-\infty$，1）　　　B.[1，$+\infty$）　　　C.（$-\infty$，1]　　　D. R

3. 函数 $y = \dfrac{1}{x-1}$ 的定义域是（　　）.

　　A. R　　　　　　　B. $\{x \mid x \geqslant 1\}$　　　C. $\{x \mid x > 1\}$　　　D. $\{x \mid x \neq 1\}$

4. 函数 $y = \dfrac{1}{\sqrt{x+2}}$ 的定义域是（　　）.

　　A. $\{x \mid x > -2\}$　　B. $\{x \mid x \geqslant -2\}$　　C. $\{x \mid x < -2\}$　　D. $\{x \mid x \leqslant -2\}$

5. 已知函数 $f(x) = \dfrac{4}{x-1}$，求 $f(-1) = $（　　）.

　　A. 2　　　　　　　B. -2　　　　　　C. 4　　　　　　　D. -4

6. 已知函数 $y = 2x - 5$，当 $y = 3$ 时，$x = $（　　）.

　　A. 1　　　　　　　B. -4　　　　　　C. -1　　　　　　D. 4

7. 已知函数 $f(x) = 3x - 2$，则 $f(b) = $（　　）.

　　A. $3b$　　　　　　B. $3b - 2$　　　　　C. $2 - 3b$　　　　　D. $b - 2$

8. 已知 $f(x) = x^2 + 3x$，则 $f(-x) = $（　　）.

　　A. $-x^2 - 3x$　　　B. $x^2 - 3x$　　　C. $-x^2 + 3x$　　　D. $x^2 + 3x$

9. 函数 $f(x) = x + 3$ 不经过的点是（　　）.

　　A.（1，2）　　　　　　　　　　　B.（1，4）

　　C.（0，3）　　　　　　　　　　　D.（2，5）

10. 如图 3 - 27 所示，下列说法正确的是（　　）.

　　A. 函数 $y = x^2$ 是奇函数

　　B. 函数 $y = x^2$ 是非奇非偶函数

　　C. 函数 $y = x^2$ 在区间（$-\infty$，0）上是减函数

　　D. 函数 $y = x^2$ 在区间（$-\infty$，$+\infty$）上是减函数

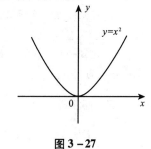

图 3 - 27

二、填空题

1. 某地 2007 年 10 月 1～7 日每天的最高气温统计如下：

表 3 - 9

x（日）	1	2	3	4	5	6	7
y（℃）	30	29	27	25	24	26	28

表格中的 x 表示日期，y 表示气温，y 是 x 的函数，则：

（1）$f(4) = $ _____，$f(7) = $ _____；

（2）该函数的定义域为 _____；

（3）该函数的值域为 _____．

2．（1）函数 $y = -5x$ 的定义域为 _____，值域为 _____；

（2）函数 $f(x) = \sqrt{x^2 - 4}$ 的定义域为 _____，值域为 _____；

（3）函数 $f(x) = \dfrac{1}{\sqrt{x-6}}$ 的定义域为 _____．

3．函数 $f(x) = x^2 - x + 1$，则 $f(-3) = $ _____，$f(1) = $ _____．

4．函数 $f(x) = \begin{cases} 6x, x \in (3, +\infty) \\ 0, x \in [-3, 3] \\ -1, x \in (-\infty, -3) \end{cases}$，则 $f(-5) = $ _____，$f(-3) = $ _____，$f(0) = $ _____，

$f(4) = $ _____．

5．已知 $f(x) = 2x^2 - k$，且 $f(-1) = 5$，则 $f(1) = $ _____．

6．函数 $f(x) = 2x^2 + x - 1$ 与 x 轴的交点坐标是 _____，与 y 轴的交点坐标是 _____．

7．对于函数 $y = 3x - 2$，当 $y = 1$ 时，x 的值是 _____．

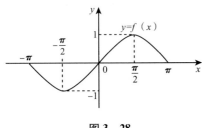

图 3 - 28

8．函数 $y = f(x)$，$x \in [-\pi, \pi]$ 的图像如图 3 - 28 所示：

请问：（1）$f\left(-\dfrac{\pi}{2}\right) = $ _____，$f(\pi) = $ _____；

（2）当 $x = $ _____，y 取最大值 _____；当 $x = $ _____，y 取最小值 _____；

（3）函数 $y = f(x)$，$x \in [-\pi, \pi]$ 是 _____ 函数（填"奇"或"偶"）；

（4）函数 $y = f(x)$ 在区间 $\left(-\pi, -\dfrac{\pi}{2}\right)$ 上是 _____ 函数，

在区间 $\left(-\dfrac{\pi}{2}, \dfrac{\pi}{2}\right)$ 上是 _____ 函数，在区间 $\left(\dfrac{\pi}{2}, \pi\right)$ 上是 _____ 函数（填"增"或"减"）．

9．一次函数的图像经过点 $A(2,1)$，$B(-1,3)$，则这个函数的表达式是 _____．

10．已知一元二次函数的图像经过点 $A(-2,1)$、$B(0,0)$、$C(-1,2)$，则这个二次函数的表达式为 _____．

11．已知一元二次函数 $y = f(x)$ 的图像的顶点坐标为 $(2,1)$，并且经过点 $M(1,-1)$，则这个二次函数的表达式为 _____．

三、解答题

1．求下列函数的定义域

（1）$f(x) = \dfrac{2-x}{x-3}$　　　（2）$f(x) = \sqrt{3x-9}$　　　（3）$f(x) = \dfrac{1}{\sqrt{3-6x}}$

（4）$f(x) = \sqrt[6]{x-2}$　　　（5）$f(x) = \sqrt[3]{x+1}$

2．判断下列函数的奇偶性

（1）$f(x) = x^5 - x$　　　　　（2）$f(x) = 2x^2 + x^3$

（3）$f(x) = x^2 + 2$　　　　　（4）$f(x) = x^4 + x^6, x \in [-4, 3]$

3．判断函数 $f(x) = 3x - 6$ 在 $(-\infty, +\infty)$ 上是增函数还是减函数．

4．指出下列函数图像的开口方向，并求出顶点坐标和对称轴．

（1）$y = 2x^2 + 4x - 2$ （2）$y = -3x^2 + 12x - 6$

5. 作出下列函数的图像，并指出函数在什么范围内取值时，函数值大于零、小于零或等于零.

（1）$y = (x-2)^2 + 1$ （2）$y = -x^2 + 2x + 3$

6. 作出下列函数的图像，并指出它的单调区间.

（1）$y = x^2 + 1$ （2）$y = -x^2 + 4x - 1$

7. 已知函数 $y = ax + b$（a、b 是常量），当 $x = -2$ 时，$y = 6$，当 $x = 1$ 时，$y = 4$，求 a、b 的值.

8. 某商场礼品柜台春节期间购进大量贺年卡片，一种贺年卡片平均每天能售出 300 张，每张盈利 0.5 元. 为了尽快减少库存，商场决定采取适当的降价措施. 调查表明：销售价每降低 0.1 元，其销售量就将增加 100 张. 商场要想平均每天盈利最大，每张贺年卡片应降价多少元？

9. 某种服装，平均每天可销售 20 件，每件盈利 44 元. 若每件降价 1 元，则每天可多售 5 件. 如果要每天盈利 1 600 元，每件应降价多少元？

孙子巧解"鸡兔同笼"问题

大约在1 500年前，大数学家孙子在《孙子算经》中记载了这样的一道题："今有雉兔同笼，上有35头，下有94足，问雉兔各几何？"这四句的意思就是：有若干只鸡和兔在同一个笼子里，从上面数，有35个头；从下面数，有94只脚．求笼中各有几只鸡和兔？同学们，你会解答这个问题吗？你知道孙子是如何解答这个"鸡兔同笼"问题的？

原来孙子提出了大胆的设想．他假设砍去每只鸡、每只兔一半的脚，则每只鸡就变成了"独脚鸡"，而每只兔就变成了"双脚兔"．这样，"独脚鸡"和"双脚兔"的脚就由94只变成了47只；而每只"鸡"的头数与脚数之比变为1：1，每只"兔"的头数与脚数之比变为1：2．由此可知，有一只"双脚兔"，脚的数量就会比头的数量多1．所以，"独脚鸡"和"双脚兔"的脚的数量与他们的头的数量之差，就是兔子的只数，即：47 − 35 = 12（只）；鸡的数量就是：35 − 12 = 23（只）．

当然，这道题还可以用方程来解答．我们可以先设兔的只数（也就是头数）是 x，因为"鸡头 + 兔头 = 35"，所以"鸡头 = 35 − x"．由此可知，有 x 只兔，应该有 $4x$ 只兔脚，而鸡的只数是（35 − x），所以应该有 $2 \times (35 - x)$ 只鸡脚．现在已知鸡兔的脚总共是94只，因此，我们可以列出下面的关系式：

$$4x + 2 \times (35 - x) = 94$$

$$x = 12$$

于是可以算出鸡的只数是 35 − 12 = 23.

资料来源：人民教育出版社，http://www.pep.com.cn.

第4章　指数函数、对数函数及其应用

指数函数、对数函数是函数中两个重要的函数. 银行存、贷款利息计算、细胞分裂、国民生产总值预测、人口增长控制等都与指数函数有着密切的关系. 对数和指数所涉及的一些重要思想方法, 如分类原则、转化思想、构造思想等, 对学生掌握基础的数学语言、简化计算等起着重要的作用.

我们来看这样一个问题:

广东省现有常住人口约 8 500 万, 如果人口的自然增长率保持在 1%, 那么 10 年后广东省的常住人口达多少万?

这个问题用指数函数来计算就显得很简单.

§4.1　指数与指数函数

4.1.1　有理指数

学习目标:

(1) 理解分数指数的概念, 掌握有理指数幂的运算性质;

(2) 理解 n 次方根、n 次根式的概念及其性质, 能根据性质进行相应的根式计算;

(3) 认识分数指数的概念, 会进行根式与分数指数幂的互化;

(4) 会运用有理指数的运算性质简化根式.

1. 整数指数

还记得吗?

a^n 叫做 a 的 n **次幂**, a 叫做**幂的底数**, n 叫做**幂的指数**. 规定 $a^0 = 1 (a \neq 0)$. 上述定义中, n 必须是正整数, 这样的幂叫做**正整数幂**.

如: $a^2 = a \cdot a$, $a^3 = a \cdot a \cdot a$, $a^n = a \cdot a \cdots a$ (n 个 a 相乘)

正整数幂满足下列运算法则:

(1) $a^m \cdot a^n = a^{m+n}$

(2) $(a^m)^n = a^{mn}$

(3) $\dfrac{a^m}{a^n} = a^{m-n} (m > n, a \neq 0)$

(4) $(ab)^m = a^m b^m$

注意: ① $a^m \div a^n$ 可看做 $\dfrac{a^m}{a^n}$ $\therefore a^m \div a^n = a^{m-n}$

② $\left(\dfrac{a}{b}\right)^n$ 可看做 $\left(a \times \dfrac{1}{b}\right)^n$ $\therefore \left(\dfrac{a}{b}\right)^n = a^n \cdot \left(\dfrac{1}{b}\right)^n = \dfrac{a^n}{b^n}$

例 4 – 1 计算:

(1) $a^5 a^3$ (2) $(ab)^3$ (3) $\dfrac{a^5}{a^3}$ (4) $\left(\dfrac{x^3}{r^2}\right)^2$

(5) $-2^4 \cdot 2^4$ (6) $2^4 \times (-2)^3$ (7) $a \cdot (-a^3) \cdot (a^2)^5$

解: (1) $a^5 a^3 = a^{5+3} = a^8$ (2) $(ab)^3 = a^3 b^3$

(3) $\dfrac{a^5}{a^3} = a^{5-3} = a^2$ (4) $\left(\dfrac{x^3}{r^2}\right)^2 = \dfrac{x^6}{r^4}$

(5) $-2^4 \cdot 2^4 = -(2^4 \cdot 2^4) = -2^8 = -256$

(6) $2^4 \times (-2)^3 = 2^4 \times [-(2^3)] = -2^4 \times 2^3 = -2^7 = -128$

(7) $a \cdot (-a^3) \cdot (a^2)^5 = -a \cdot a^3 \cdot a^{2 \times 5} = -a^{1+3+10} = -a^{14}$

按上述运算的规律得到:

$\dfrac{10^3}{10^3} = 10^{3-3} = 10^0 = 1$, $\dfrac{10^3}{10^6} = 10^{3-6} = 10^{-3} = \dfrac{1}{10^3}$, $\dfrac{1}{10^{-3}} = \dfrac{10^0}{10^{-3}} = 10^{0+3} = 10^3$

在法则 (3) 中, 我们作了 $m > n$ 的限制, 如果取消这种限制, 则正整数指数幂可以推广到整数幂. 按上述运算的规律, 当 $a \neq 0$ 时, $\dfrac{a^3}{a^3} = a^{3-3} = a^0$, $\dfrac{a^3}{a^5} = a^{3-5} = a^{-2}$.

结果出现了零指数幂和负整指数幂.

但我们知道, $\dfrac{a^3}{a^3} = 1$, $\dfrac{a^3}{a^5} = \dfrac{1}{a^2}$. 这就启示我们, $\dfrac{a^3}{a^3} = a^0 = 1$, $\dfrac{a^3}{a^5} = a^{-2} = \dfrac{1}{a^2}$

于是我们规定:

$$a^0 = 1 \ (a \neq 0), \quad a^{-n} = \dfrac{1}{a^n} \ (a \neq 0, \ n \in N_+)$$

例 4 – 2 计算:

(1) $(-0.8)^0$ (2) $(a-c)^0$ $(a-c \neq 0)$ (3) 10^{-3} (4) x^{-3} $(x \neq 0)$

(5) $\left(-\dfrac{1}{2}\right)^{-5}$ (6) $(2a)^{-2}$ (7) $\left(\dfrac{2}{a}\right)^{-2}$ (8) $\left(\dfrac{x^3}{r^2}\right)^{-2}$

解：（1）$(-0.8)^0 = 1$　　　　　　　　　（2）$(a-c)^0 = 1 \ (a-c \neq 0)$

（3）$10^{-3} = \dfrac{1}{10^3} = 0.001$　　　　　　（4）$x^{-3} = \dfrac{1}{x^3} \ (x \neq 0)$

（5）$\left(-\dfrac{1}{2}\right)^{-5} = \dfrac{1}{\left(-\dfrac{1}{2}\right)^5} = \dfrac{1}{-\dfrac{1}{32}} = -32$　（6）$(2a)^{-2} = 2^{-2}a^{-2} = \dfrac{1}{2^2}\dfrac{1}{a^2} = \dfrac{1}{4a^2}$

（7）$\left(\dfrac{2}{a}\right)^{-2} = \dfrac{2^{-2}}{a^{-2}} = \dfrac{a^2}{2^2} = \dfrac{a^2}{4}$　　　　　（8）$\left(\dfrac{x^3}{r^2}\right)^{-2} = \dfrac{x^{-6}}{r^{-4}} = \dfrac{r^4}{x^6}$

2. 分数指数.

在初中我们还学习了方根的概念，如果 $x^2 = 3$，则 x 叫做 3 的 2 次方根，它们互为相反数，分别为 $\sqrt{3}$ 和 $-\sqrt{3}$；如果 $x^2 = -3$，则实数 x 不存在，即负数不存在偶次方根；如果 $x^3 = 3$，则 x 叫做 3 的 3 次方根，它只有一个：$\sqrt[3]{3}$；如果 $x^4 = 3$，则 x 叫做 3 的 4 次方根，它们互为相反数，分别为 $\sqrt[4]{3}$ 和 $-\sqrt[4]{3}$；如果 $x^3 = -3$，则 $x = \sqrt[3]{-3} = -\sqrt[3]{3}$.

如果 $x^n = a$（$n > 1$，$n \in N$），则 x 叫做 a 的 n 次方根. 正数 a 的正 n 次方根叫做 a 的 n 次算术根. 当 $\sqrt[n]{a}$ 有意义的时候，$\sqrt[n]{a}$ 叫做根式，n 叫做根指数.

根据方根的定义，可推出下列等式：$(\sqrt{3})^2 = 3$，$(\sqrt[3]{-3})^3 = -3$，$(\sqrt[5]{2^3})^5 = 2^3$，$\sqrt{5^2} = 5$

当 $a > 0$ 时，定义：（1）$a^{\frac{1}{n}} = \sqrt[n]{a}$；

（2）$a^{\frac{m}{n}} = \sqrt[n]{a^m}$；（$n$，$m \in N_+$，且 $\dfrac{m}{n}$ 为既约分数）；

（3）$a^{-\frac{m}{n}} = \dfrac{1}{a^{\frac{m}{n}}}$（$n$，$m \in N_+$，且 $\dfrac{m}{n}$ 为既约分数）.

如：$a^{\frac{1}{3}} = \sqrt[3]{a}$，$a^{\frac{2}{3}} = \sqrt[3]{a^2}$

分数指数运算与根式运算可以互相转化.

例如：$8^{\frac{1}{3}} = \sqrt[3]{8} = 2$，$16^{\frac{1}{2}} = \sqrt{16} = 4$，$27^{\frac{1}{3}} = \sqrt[3]{27} = 3$，$25^{\frac{1}{2}} = \sqrt{25} = 5$

我们还可以把整数指数幂推广到正分数指数幂，例如：$(a^{\frac{1}{3}})^3 = a^{\frac{1}{3} \times 3} = a$，$(a^{\frac{2}{3}})^3 = a^{\frac{2}{3} \times 3} = a^2$ 整数指数幂的运算法则在分数指数幂的运算中一样可以适用.

例 4-3　计算：（1）$8^{\frac{3}{5}} \cdot 8^{\frac{2}{5}}$　　　（2）$8^{\frac{2}{3}}$　　　（3）$100^{-\frac{1}{2}}$

　　　　　　　　　（4）$\left(\dfrac{1}{4}\right)^{-3}$　　　（5）$\left(\dfrac{16}{81}\right)^{-\frac{3}{4}}$　　（6）$2\sqrt{2} \cdot \sqrt[4]{2} \cdot \sqrt[8]{2}$

分析：前面（1）到（5）题按照分数指数幂的运算法则计算；（6）题把根式化成分数指数幂的形式，再计算.

解：（1）$8^{\frac{3}{5}} \cdot 8^{\frac{2}{5}} = 8^{\frac{3+2}{5}} = 8^1 = 8$

（2）$8^{\frac{2}{3}} = (8^{\frac{1}{3}})^2 = 2^2 = 4$

（3）$100^{-\frac{1}{2}} = (10^2)^{-\frac{1}{2}} = 10^{2 \times (-\frac{1}{2})} = 10^{-1} = \dfrac{1}{10}$

（4）$\left(\dfrac{1}{4}\right)^{-3} = (2^{-2})^{-3} = 2^{(-2) \times (-3)} = 2^6 = 64$

(5) $\left(\dfrac{16}{81}\right)^{-\frac{3}{4}} = \left(\dfrac{2}{3}\right)^{4\times\left(-\frac{3}{4}\right)} = \left(\dfrac{2}{3}\right)^{-3} = \dfrac{27}{8}$

(6) $2\sqrt{2}\cdot\sqrt[4]{2}\cdot\sqrt[8]{2} = 2\cdot 2^{\frac{1}{2}}\cdot 2^{\frac{1}{4}}\cdot 2^{\frac{1}{8}} = 2^{1+\frac{1}{2}+\frac{1}{4}+\frac{1}{8}} = 2^{\frac{15}{8}}$

例 4 - 4 计算:

(1) $a^{\frac{1}{4}}\cdot a^{\frac{1}{8}}\cdot a^{\frac{5}{8}}$ (2) $a^{\frac{1}{3}}\cdot a^{\frac{5}{6}}\div a^{-\frac{1}{2}}$ (3) $\left(x^{\frac{1}{2}}y^{-\frac{1}{3}}\right)^6$

解: (1) $a^{\frac{1}{4}}\cdot a^{\frac{1}{8}}\cdot a^{\frac{5}{8}} = a^{\frac{1}{4}+\frac{1}{8}+\frac{5}{8}} = a$

(2) $a^{\frac{1}{3}}\cdot a^{\frac{5}{6}}\div a^{-\frac{1}{2}} = a^{\frac{1}{3}+\frac{5}{6}+\frac{1}{2}} = a^{\frac{5}{3}}$

(3) $\left(x^{\frac{1}{2}}y^{-\frac{1}{3}}\right)^6 = \left(x^{\frac{1}{2}}\right)^6\left(y^{-\frac{1}{3}}\right)^6 = x^3y^{-2}$

注意: $(\sqrt[n]{a})^n = a$

n 为奇数时, $\sqrt[n]{a^n} = a$

n 为偶数时, $\sqrt[n]{a^n} = |a|$

例如: $(\sqrt{3})^2 = 3$; $\sqrt[3]{(-3)^3} = -3$; $\sqrt[4]{(3-\pi)^4} = |3-\pi| = \pi-3$

想一想

练习4.1.1

练一练

一、选择题

1. $\sqrt{16}$ 的算术平方根是 ( ).

  A. ± 4 B. 2

  C. 4   D. ± 2

2. 下面各式中, 正确的是 ( ).

  A. $(-2)^0 = 2$ B. $(-2)^{-1} = \dfrac{1}{2}$

  C. $a^0 = 1$ D. $\pi^0 = 1$

3. 计算 $x^6\cdot x^2$ 的结果是 ( ).

  A. x^{12} B. x^4 C. x^8 D. x^3

4. $\sqrt{(-4)^2}$ 的值是 ( ).

  A. 2   B. -4 C. 4   D. ± 4

5. a^{16} 可以写成 ( ).

  A. $a^8 + a^8$ B. $a^8\cdot a^2$ C. $(a^8)^8$ D. $(a^8)^2$

6. 在等式 $a^2\cdot a^4\cdot(\quad) = a^{11}$ 中, 括号里面的代数式应当是 ( ).

  A. a^7 B. a^6 C. a^5 D. a^4

7. 下列各式中错误的是 ( ).

  A. $-x^2\cdot x = x^3$ B. $(-x^3)^2 = x^6$

  C. $m^5\cdot m^5 = m^{10}$ D. $(-p)^2\cdot p = p^3$

8. 用分数指数幂表示根式 $\sqrt{3\sqrt{3}}$ 的结果是 (　　).

　　A. $3^{\frac{1}{2}}$　　　　B. $3^{\frac{1}{4}}$　　　　　　C. 3　　　　　　D. $3^{\frac{3}{4}}$

二、填空题

1. 计算下列各式：

(1) $2^6 = $ ＿＿＿＿＿　　　(2) $9^{\frac{3}{2}} = $ ＿＿＿＿＿　　　(3) $10^{-4} = $ ＿＿＿＿＿

(4) $32^{\frac{1}{5}} = $ ＿＿＿＿＿　　(5) $\left(\dfrac{1}{2}\right)^{-2} = $ ＿＿＿＿＿　　(6) $\left(\dfrac{2}{3}\right)^{-3} = $ ＿＿＿＿＿

(7) $0^{\frac{37}{100}} = $ ＿＿＿＿＿　　(8) $\sqrt{2} \cdot \sqrt[4]{16} \cdot \sqrt[8]{256} = $ ＿＿＿＿＿

2. 将下列根式转化为分数指数幂的形式：

(1) $\sqrt{2} = $ ＿＿＿＿＿　　　　(2) $\sqrt[3]{2^2} = $ ＿＿＿＿＿

(3) $\sqrt[3]{9} = $ ＿＿＿＿＿　　　　(4) $\sqrt[3]{a} \cdot \sqrt[4]{a} = $ ＿＿＿＿＿

3. 将下列各式转化为根式的形式：

(1) $3^{\frac{1}{3}} = $ ＿＿＿＿＿　　　　(2) $9^{\frac{1}{2}} = $ ＿＿＿＿＿

(3) $27^{\frac{2}{3}} = $ ＿＿＿＿＿　　　　(4) $2^{1\frac{1}{2}} = $ ＿＿＿＿＿

4. 将下列根式转化为分数指数幂的形式：$\sqrt[3]{2^{\frac{1}{2}}} = $ ＿＿＿＿＿

三、计算题

(1) $36^{\frac{1}{2}}$　　　　(2) $\left(\dfrac{27}{125}\right)^{\frac{1}{3}}$　　　　(3) $-1\,000^{-\frac{1}{3}}$　　　　(4) $64^{\frac{2}{3}}$

(5) $\left(3\dfrac{3}{8}\right)^{\frac{1}{3}}$　　　(6) $(\pi - \sqrt{2})^0$　　　(7) $(a^{\frac{2}{3}}b^{\frac{1}{4}})^3$　　　(8) $3\sqrt{3} \cdot \sqrt[3]{3} \cdot \sqrt[6]{3}$

四、已知 $x^{m+n} \cdot x^{m-n} = x^9$，求 m 的值.

五、找简便方法计算：

(1) $2^{100} \times (0.5)^{101}$　　　(2) $2^2 \times 3 \times 5^2$　　　(3) $2^4 \times 3^2 \times 5^4$

4.1.2　指数函数及其图像与性质

学习目标：

(1) 了解指数函数的概念、图像和性质；

(2) 会判别指数函数，了解底数的限制条件，会求指数函数的定义域；

(3) 会用列表描点法画指数函数的图像；

(4) 会运用指数函数的单调性比较指数幂的大小.

1. 指数函数的定义

一般地，函数 $y = a^x$（$a > 0$，$a \neq 1$，$x \in R$）叫做**指数函数**.

例如，函数 $y = 2^x$，$y = \left(\dfrac{1}{2}\right)^x$，$y = 3^{-x}$，自变量出现在指数位置上，这样的函数是指数函数.

2. 指数函数的图像与性质

例 4 - 5 用描点法画出指数函数 $y = 2^x$ 的图像.

解：列出 x，y 的对应值，见表 4 - 1.

表 4 - 1

x	$\cdots$	-3	-2	-1	0	1	2	3	$\cdots$
$y = 2^x$	$\cdots$	$\dfrac{1}{8}$	$\dfrac{1}{4}$	$\dfrac{1}{2}$	1	2	4	8	$\cdots$

用描点法画出 $y = 2^x$ 图像，见图 4 - 1.

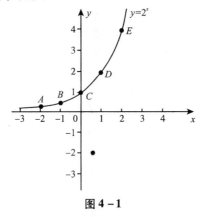

图 4 - 1

例 4 - 6 用描点法画出指数函数 $y = \left(\dfrac{1}{2}\right)^x$ 的图像.

解：列出 x，y 的对应值，见表 4 - 2.

表 4 - 2

x	$\cdots$	-3	-2	-1	0	1	2	3	$\cdots$
$y = \left(\dfrac{1}{2}\right)^x$	$\cdots$	8	4	2	1	$\dfrac{1}{2}$	$\dfrac{1}{4}$	$\dfrac{1}{8}$	$\cdots$

用描点法画出 $y = \left(\dfrac{1}{2}\right)^x$ 图像，见图 4 - 2.

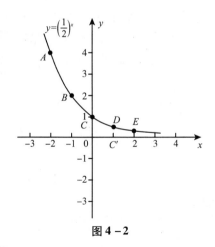

图 4－2

从函数 $y = 2^x$ 和 $y = \left(\dfrac{1}{2}\right)^x$ 的对应值表和图像可看出这两个函数具有下列特点：

（1）两个函数的图像都通过点（0，1）；

（2）函数 $y = 2^x$ 是增函数，$x > 0$ 时，$y > 1$；$x < 0$ 时，$0 < y < 1$；

（3）函数 $y = \left(\dfrac{1}{2}\right)^x$ 是减函数，$x > 0$ 时，$0 < y < 1$；$x < 0$ 时，$y > 1$.

小结：

1. 当 $a > 1$，函数的图像见图 4－3.

2. 当 $0 < a < 1$，函数的图像见图 4－4.

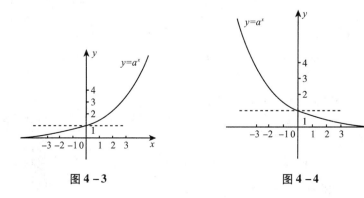

图 4－3　　　　　　　　　**图 4－4**

3. 函数 $y = a^x$ 的图像具有以下性质：

（1）定义域是实数集 R，值域是正实数集；

（2）函数的图像都通过点（0，1）；

（3）当 $a > 1$ 时，这个函数是增函数，$x > 0$ 时，$y > 1$，$x < 0$ 时；$0 < y < 1$；当 $0 < a < 1$ 时，这个函数是减函数，$x > 0$ 时，$0 < y < 1$；$x < 0$ 时，$y > 1$.

例 4－7　利用指数函数的特点，比较下列各题中两个值的大小：

（1）$1.7^{2.5}$ 与 1.7^3　　　　（2）$0.8^{-0.1}$ 与 $0.8^{-0.2}$

解：利用函数单调性.

（1）$1.7^{2.5}$ 与 1.7^3 的底数是 1.7，它们可以看成函数 $y = 1.7^x$，当 $x_1 = 2.5$ 和 $x_2 = 3$ 时的

函数值；因为 $1.7>1$，所以函数 $y=1.7^x$ 在 R 是增函数，而 $2.5<3$，所以，$1.7^{2.5}<1.7^3$.

（2）$0.8^{-0.1}$ 与 $0.8^{-0.2}$ 的底数是 0.8，它们可以看成函数 $y=0.8^x$，当 $x_1=-0.1$ 和 $x_2=-0.2$ 时的函数值；因为 $0<0.8<1$，所以函数 $y=0.8^x$ 在 R 是减函数，而 $-0.1>-0.2$，所以，$0.8^{-0.1}<0.8^{-0.2}$.

1. 在同一坐标系内，画出下列函数的图像，并说出每对函数间的相同和不同的特点.

（1）$y=3^x$ 与 $y=\left(\dfrac{1}{3}\right)^x$

（2）$y=4^x$ 与 $y=\left(\dfrac{1}{4}\right)^x$.

2. 利用指数函数的特点，比较下列各题中两个值的大小：

（1）$2^{0.8}$ 与 $2^{0.7}$　　　　（2）$0.7^{-0.1}$ 与 $0.7^{0.1}$

（3）1.05^2 与 $1.05^{2.5}$　　　（4）0.98^3 与 $0.98^{4.5}$

3. 下列函数是指数函数的是（　　）.

A. $y=x$　　　B. $y=2x$　　　C. $y=2^x$　　　D. $y=-2^x$

一、选择题

1. $16^{-\frac{1}{2}}$ 的值为（　　）.

A. 4　　　　　　　　　　　　　B. $\dfrac{1}{4}$

C. 2　　　　　　　　　　　　　D. $\dfrac{1}{2}$

2. 给出下列等式：① $\sqrt{a^2}=a$；② $(\sqrt{a})^2=a$；③ $\sqrt[3]{a^3}=a$；④ $(\sqrt[3]{a})^3=a$. 其中不一定正确的是（　　）.

A. ①　　　　　B. ②　　　　　C. ③　　　　　D. ④

3. $\sqrt[4]{a-2}+(a-4)^0$ 有意义，则实数 a 的取值范围是（　　）.

A. $a\geqslant2$　　B. $2\leqslant a<4$ 或 $a>4$　　C. $a\neq2$　　D. $a\neq4$

4. 下列式子正确的是（　　）.

A. $(-1)^{\frac{1}{3}}=(-1)^{\frac{2}{6}}$　　B. $\sqrt[5]{(-2)^3}=-2^{\frac{3}{5}}$　　C. $\sqrt[5]{(-a)}=-a^{\frac{2}{5}}$　　D. $0^{-\frac{1}{2}}=0$

5. 将 $\sqrt[3]{-2\sqrt{2}}$ 化为分数指数幂的形式为（　　）.

A. $-2^{\frac{1}{2}}$　　　　B. $-2^{-\frac{1}{2}}$　　　　C. $-2^{\frac{1}{3}}$　　　　D. $-2^{\frac{5}{6}}$

二、填空题

1. $\left(-2x^{\frac{1}{4}}y^{-\frac{1}{3}}\right)^6\left(3x^{\frac{1}{2}}y^{\frac{2}{3}}z\right)=$ _____.

2. 若 $2^x=3$，$2^y=4$，则 $4^{x-y}=$ _____；$4^{x+y}=$ _____.

3. 若函数 $f(x)=(2b)^x$ 是减函数，则 b 的取值范围是_____.

4. 若 $x^4=16$，且 $x\in R$，则 $x=$ _____.

三、解答题

1. 计算：

（1）$\left(1\dfrac{1}{3}\right)^9\times0.75^8$　　　（2）$2^{-1}\times32^{\frac{3}{5}}$　　　（3）$(\sqrt{5}+\sqrt{7})^0+(-3)^{-2}$

(4) $32^{-2} \div 4^{-2} \times 2^5$　　　　　(5) $3 \times \sqrt{3} \times \sqrt[3]{3}$　　　　　(6) $\left(\dfrac{8}{27}\right)^{-\frac{2}{3}}$

2. 计算：

(1) $\sqrt[4]{25\sqrt{625}}$　　　　　　　　　　　(2) $\sqrt{6\dfrac{1}{4}} - \sqrt[3]{3\dfrac{3}{8}} - \sqrt[3]{0.125}$

(3) $\left(6\dfrac{1}{4}\right)^{\frac{1}{2}} + 7\left(\sqrt{5}-1\right)^0 - \left(3\dfrac{3}{8}\right)^{\frac{1}{3}} - \left(-\dfrac{1}{2}\right)^{-4}$　　　(4) $(0.027)^{-\frac{1}{3}} - \left(\dfrac{1}{6}\right)^{-2} + (5.7)^0 - 3^{-1} + 81^{\frac{3}{4}}$

3. 把下列各式化为分式：

(1) $(1+x)^{-3}$　　　(2) $(1-a)^{-5}$　　　(3) $2b^{-2}$　　　　　(4) $(x^3-1)^{-3}$

4. 用分数指数幂的形式表示下列各式：

(1) $\sqrt[3]{a^2 b}$　　　(2) $\sqrt[6]{x^3 y^3}$　　　(3) $\sqrt[3]{a}$　　　　　(4) $\sqrt[3]{a^2}$

5. 用根式形式表示下列各式：

(1) $a^{\frac{1}{2}}$　　　　　(2) $27x^{\frac{2}{3}}$　　　(3) $(x+y)^{\frac{1}{2}}$　　　(4) $(3xy^2)^{\frac{1}{3}}$

6. 化简：

(1) $\sqrt[3]{72}$　　　　　(2) $\sqrt{81x^6 y^4}$　　　(3) $\sqrt[5]{32x^3}$

7. 求值：已知 $z = \sqrt{x^2 + y^2}$，$x=6$，$y=8$，求 z 的值.

8. 利用指数函数的特点，比较下列各题中两个值的大小：

(1) $(\sqrt{3})^{0.2}$ 与 $(\sqrt{3})^{\frac{2}{5}}$　　　　　(2) $\left(\dfrac{3}{4}\right)^{-0.6}$ 与 $\left(\dfrac{3}{4}\right)^{-\frac{3}{4}}$

(3) $\left(\dfrac{4}{5}\right)^{-\frac{1}{3}}$ 与 $\left(\dfrac{5}{4}\right)^{0.3}$　　　　　(4) $\left(\dfrac{3}{2}\right)^{0.5}$ 与 $\left(\dfrac{2}{3}\right)^{2}$

9. 把下列三个函数值按从大到小的顺序用不等号连接起来：

(1) $\left(\dfrac{2}{3}\right)^{-\frac{2}{3}}$，$\left(\dfrac{2}{3}\right)^{\frac{2}{3}}$，$3^{\frac{2}{3}}$　　(2) $2^{2.6}$，$(2.5)^0$，$\left(\dfrac{1}{2}\right)^{2.6}$　　(3) 0.618^3，$0.618^{3.5}$，0.618^{-1}

10. 用分数指数幂的形式表示下列各式：

(1) $\sqrt{144x^3}$　　　　　(2) $\dfrac{\sqrt{x}}{\sqrt[3]{x}}$　　　　　(3) $\dfrac{\sqrt{x}}{\sqrt[3]{y^2}}$

§4.2　对数与对数函数

4.2.1　对数的概念和性质

学习目标：

（1）了解对数的概念；

（2）会进行指数形式与对数形式的互化；

（3）理解对数的运算性质；会求简单的对数式的值.

1. 对数的概念

如果 $a^b = N$，$(a > 0,\ a \neq 1)$ 我们把幂指数 b 叫做**以 a 为底 N 的对数**，记作 $\log_a N = b$. 其中，符号 log 右下角的数 a 是**底数**，N 叫做**真数**.

	a	N	b
指数式 $a^b = N$	底数	幂	指数
对数式 $\log_a N = b$	对数的底数	真数	对数

2. 对数式与指数式的互化

例如，$2^3 = 8$ 与 $3 = \log_2 8$ 这两个式子表达的是同一关系. $2^3 = 8$ 是指数表达式，而 $3 = \log_2 8$ 是对数表达式，它们可以互相转化.

说明：实质上，对数表达式 $\log_a N = b$，不过是指数表达式 $a^b = N$ 的另一种表达形式，例如：$2^3 = 8$ 与 $3 = \log_2 8$ 这两个式子表达是同一关系，因此，有关系式 $a^b = N \Leftrightarrow b = \log_a N$，从而得对数恒等式：$\boxed{a^{\log_a N} = N}$

因为 $2^3 = 8$，如果把 3 写成 $\log_2 8$ 就得到 $2^{\log_2 8} = 8$.

"log" 同 "$+$"、"$\times$"、"$\sqrt{}$" 等符号一样，表示一种运算，即已知一个数和它的幂求指数的运算，这种运算叫对数运算，不过对数运算的符号写在数的前面.

例 4 – 8 把下列等式改写成对数等式的形式：

（1）$5^2 = 25$　　　　（2）$6^3 = 216$　　　　（3）$5^{-2} = \dfrac{1}{25}$

解：（1）$5^2 = 25$ 对数等式是 $\log_5 25 = 2$

（2）$6^3 = 216$ 对数等式是 $\log_6 216 = 3$

（3）$5^{-2} = \dfrac{1}{25}$ 对数等式是 $\log_5 \dfrac{1}{25} = -2$

例 4 – 9 把下列等式改写成指数等式的形式：

（1）$\log_{7.2} 1 = 0$　　　　（2）$\log_9 3 = \dfrac{1}{2}$　　　　（3）$\log_{16} \dfrac{1}{4} = -\dfrac{1}{2}$

解：（1）$\log_{7.2} 1 = 0$ 指数等式是 $7.2^0 = 1$

（2）$\log_9 3 = \dfrac{1}{2}$ 指数等式是 $9^{\frac{1}{2}} = 3$

(3) $\log_{16}\frac{1}{4} = -\frac{1}{2}$ 指数等式是 $16^{-\frac{1}{2}} = \frac{1}{4}$

3. 对数的运算性质

$\log_a 1 = 0$，$\log_a a = 1$（$a > 0$，且 $a \neq 1$，$N > 0$）

因为 $a^0 = 1$（$a > 0$，且 $a \neq 1$）所以 0 叫做以 a 为底 1 的对数，记作：$\log_a 1 = 0$

因为 $a^1 = a$（$a > 0$，且 $a \neq 1$）所以 1 叫做以 a 为底 a 的对数，记作：$\log_a a = 1$

例 4 - 10 计算下列对数的值：

(1) $\log_2 1$ 　　　(2) $\log_3 3$ 　　　(3) $\log_{10} 10$

解：(1) $\because 2^0 = 1$ 　$\therefore \log_2 1 = 0$

(2) $\because 3^1 = 3$ 　$\therefore \log_3 3 = 1$

(3) $\because 10^1 = 10$ 　$\therefore \log_{10} 10 = 1$

小结：对数具有下列性质：

(1) 1 的对数为零；(2) 底的对数等于 1；(3) 零和负数没有对数.

注意：对数式 $\log_a N = b$ 中，底数 $a > 0$，且 $a \neq 1$，真数 $N > 0$

1. 把下列等式改写成对数等式的形式：

(1) $2^3 = 8$ 　　　(2) $6^2 = 36$ 　　　(3) $2^5 = 32$

(4) $2^{-4} = \frac{1}{16}$ 　　　(5) $4^{-3} = \frac{1}{64}$ 　　　(6) $27^{\frac{1}{3}} = 3$

(7) $\left(\frac{1}{2}\right)^2 = \frac{1}{4}$ 　　　(8) $64^{-\frac{1}{3}} = \frac{1}{4}$

想一想　练习4.2.1　练一练

2. 把下列等式改写成指数形式，并检验原等式是否正确：

(1) $\log_2 4 = 2$ 　　　(2) $\log_5 125 = 3$ 　　　(3) $\log_7 7 = 0$ 　　　(4) $\log_{10}\frac{1}{10} = -2$

(5) $\log_{\frac{1}{10}} 100 = -2$ 　　　(6) $\log_3 \frac{1}{9} = -2$ 　　　(7) $\log_4 8 = \frac{3}{2}$ 　　　(8) $\log_{\frac{1}{2}} 4 = -2$

3. 对数式与指数式互化.

(1) $5^a = 10$ 　　　(2) $\log_2 a = 8$ 　　　(3) $3^a = 1$ 　　　(4) $\log_3 b = -2$

(5) $3^{-b} = 2$ 　　　(6) $\log_{\frac{1}{4}} m = -2$ 　　　(7) $2^b = n$ 　　　(8) $\log_4 m = b$

4. 用对数的形式来表达下列各式的 x.

(1) $10^x = 20$ 　　　(2) $2^x = 12$ 　　　(3) $5^x = 10$

(4) $4^x = \frac{1}{3}$ 　　　(5) $5^{-x} = \frac{1}{5}$ 　　　(6) $\left(\frac{1}{7}\right)^x = 1$

4.2.2 常用对数和自然对数

学习目标:

(1) 理解常用对数和自然对数的概念.

(2) 会求简单的常用对数和自然对数的值.

1. 常用对数

以 10 为底的对数叫做**常用对数**. 记作: $\lg N$ ($N>0$)

$\log_{10}10$, $\log_{10}100$, $\log_{10}1\ 000$, $\cdots$, 上述对数都是以 10 为底的对数, 为了简便, 把 $\log_{10}10$ 写成 $\lg 10$, 把 $\log_{10}100$ 写成 $\lg 100$, 把 $\log_{10}1\ 000$ 写成 $\lg 1\ 000$, 例如, 对数 $\lg 2.5$ 的底数是 10, 即 $\lg 2.5 = \log_{10}2.5$

2. 自然对数

以无理数 e 为底的对数叫做**自然对数**, 记作 $\ln N$ ($N>0$, $e=2.71828\cdots$)

$\log_{e}e$, $\log_{e}10$, $\cdots$ (其中底数 $e=2.71828\cdots$) 是以无理数 e 为底的对数, 为了简便, 把 $\log_{e}e$ 写成 $\ln e$, 把 $\log_{e}10$ 写成 $\ln 10$, 例如, 对数 $\ln 2$ 的底数是 e, 即 $\ln 2 = \log_{e}2$.

例 4 – 11 计算: $\lg 10$, $\lg 100$, $\lg 1\ 000$, $\ln e$

解: $\lg 10 = \log_{10}10 = 1$, $\lg 100 = \log_{10}100 = 2$

$\lg 1\ 000 = \log_{10}1\ 000 = 3$, $\ln e = \log_{e}e = 1$

求任何一个正实数的常用对数与自然对数, 可查数学用表, 或直接使用计算器求解.

例 4 – 12^{*} 使用计算器求对数 (精确到 0.0001):

(1) $\lg 80$　　(2) $\lg 0.782$　　　(3) $\ln 328$　　　(4) $\ln 0.025$

解: 计算器 (CASIO fx – 82ES) 计算, 见表 4 – 3.

所以, $\lg 80 = 1.9031$

$\lg 0.782 = -0.1068$

$\ln 328 = 5.7930$

$\ln 0.025 = -3.6889$

表 **4 – 3**

按　键	显　示
$\boxed{\log}$ 80 $\boxed{=}$	1.90308998699
$\boxed{\log}$ 0.782 $\boxed{=}$	– 0.106793246
$\boxed{\ln}$ 328 $\boxed{=}$	5.79301361
$\boxed{\ln}$ 0.025 $\boxed{=}$	– 3.688879541

　　　　　　　　　　　　　　　　　　　　　财经应用数学基础模块

1. 求下列各对数的值：

(1) $\lg 100$　　(2) $\lg 10$　　(3) $\lg 10\,000$

(4) $\ln 1$　　(5) $\lg 10^{-8}$　　(6) $\ln e$

(7) $\ln e^2$　　(8) $\lg \dfrac{1}{10}$　　(9) $\ln \dfrac{1}{e}$

(10) $\lg 0.001$

2. 对数式与指数式互化：

(1) $\lg 1\,000 = 3$　　(2) $\ln a = 1$　　(3) $10^n = 4$　　(4) $\lg x = 2$

3. 计算：

(1) $\lg 1 + \lg 10 + \lg 100$　　(2) $\log_{0.1} 0.1 + \lg \dfrac{1}{100} - \ln e^2$

4.2.3　对数的运算

学习目标：
(1) 理解对数的运算法则，并能运用其化简或计算对数式；
(2) 理解对数换底公式，并能运用换底公式计算对数式的值.

1. 积、商、幂的对数

假定 $a > 0$，$a \neq 1$，$N > 0$，$M > 0$

(1) 正数的积的对数，等于同一底数的各个因数的对数的和. $\log_a (MN) = \log_a M + \log_a N$

(2) 两个正数的商的对数，等于被除数的对数减去除数的对数. $\log_a \dfrac{M}{N} = \log_a M - \log_a N$

(3) 正数的幂的对数等于幂的底数的对数乘以幂指数. $\log_a M^p = p \log_a M$

(4) $\log_a \sqrt[n]{N} = \dfrac{1}{n} \log_a N$

利用对数的运算法则，可以把乘、除、乘方、开方的运算转化为对数的加、减、乘、除运算，反之亦然. 这种运算的互化可简化计算方法，加快计算速度.

例 4 – 13　求下列各式值：

(1) $\log_2 (4 \times 8)$　　(2) $\log_2 \dfrac{32}{8}$　　(3) $\log_2 4^3$　　(4) $\log_2 \sqrt[5]{32}$

解：(1) $\log_2 (4 \times 8) = \log_2 4 + \log_2 8 = 2 + 3 = 5$

(2) $\log_2 \dfrac{32}{8} = \log_2 32 - \log_2 8 = 5 - 3 = 2$

(3) $\log_2 4^3 = 3 \log_2 4 = 3 \times 2 = 6$

(4) $\log_2 \sqrt[5]{32} = \frac{1}{5}\log_2 32 = \frac{1}{5} \times 5 = 1$

注意：这里有些题目有多种方法可以完成，你想到了吗？

例 4 – 14 化简求值：

(1) $\log_2 (2^3 \times 4)$ (2) $\lg \sqrt[5]{100}$

解： (1) $\log_2(2^3 \times 4) = \log_2 2^3 + \log_2 4 = 3\log_2 2 + \log_2 4 = 3 \times 1 + 2 = 5$

      (2) $\lg \sqrt[5]{100} = \lg 100^{\frac{1}{5}} = \frac{1}{5}\lg 100 = \frac{1}{5}\lg 10^2 = \frac{1}{5} \times 2 = \frac{2}{5}$

2. 对数换底公式

对数换底公式：$\log_b N = \dfrac{\log_a N}{\log_a b}$

其中 $a>0$，$b>0$，$a \neq 1$，$b \neq 1$，$N>0$

例 4 – 15 求 $\log_4 8$ 及 $\log_8 16$、$\log_{25} 125$ 的值

解： $\log_4 8 = \dfrac{\log_2 8}{\log_2 4} = \dfrac{3}{2}$

同理：$\log_8 16 = \dfrac{\log_2 16}{\log_2 8} = \dfrac{4}{3}$ $\log_{25} 125 = \dfrac{\log_5 125}{\log_5 25} = \dfrac{3}{2}$

例 4 – 16 已知：$\log_{10} 6 = 0.77815$，求 $\log_6 10$ 的值.

解： $\log_6 10 = \dfrac{\log_{10} 10}{\log_{10} 6} = \dfrac{1}{0.77815} \approx 1.2851$

例 4 – 17 求 $\log_{16} 81 \times \log_9 32$ 的值.

解： $\log_{16} 81 \times \log_9 32 = \dfrac{\lg 81}{\lg 16} \times \dfrac{\lg 32}{\lg 9} = \dfrac{\lg 3^4}{\lg 2^4} \times \dfrac{\lg 2^5}{\lg 3^2} = \dfrac{4\lg 3}{4\lg 2} \times \dfrac{5\lg 2}{2\lg 3} = \dfrac{5}{2}$

例 4 – 18 * 用 $\log_a x$、$\log_a y$、$\log_a z$ 表示下列各式：

(1) $\log_a \dfrac{\sqrt{xy}}{z}$ (2) $\log_a (x^2 y^{\frac{1}{2}} z)$

解： (1) $\log_a \dfrac{\sqrt{xy}}{z} = \log_a (x^{\frac{1}{2}} y) - \log_a z$

           $= \log_a x^{\frac{1}{2}} + \log_a y - \log_a z$

$$= \frac{1}{2}\log_a x + \log_a y - \log_a z$$

（2） $\log_a (x^2 y^{\frac{1}{2}} z) = \log_a x^2 + \log_a y^{\frac{1}{2}} + \log_a z$

$$= 2\log_a x + \frac{1}{2}\log_a y + \log_a z$$

1. 计算：

（1） $\lg 10^3$

（2） $\log_3 (27 \times 9^2)$

（3） $\log_2 (4 \times 8 \times 16)$

（4） $\lg 0.0001^2$

（5） $\log_6 \sqrt[3]{36}$

（6） $\log_5 (5^3 \times 25)$

2. 计算：

（1） $\lg 1$

（2） $\log_2 32$

（3） $\log_{\frac{1}{3}} \frac{1}{27}$

（4） $\lg \sqrt[3]{1\,000}$

（5） $\lg 8 + \lg 25$

（6） $\log_5 45 - \log_5 9$

（7） $\log_3 \sqrt{81}$

（8） $\log_4 (4^5 \times 2^4)$

3. 计算下列各式的值：

（1） $\log_2 5 \cdot \log_5 2$

（2） $\log_3 8 \cdot \log_{32} 27$

（3） $\log_5 3 \cdot \log_{27} 125$

（4） $\dfrac{\log_8 9}{\log_2 3}$

4. 已知 $a>0$， $a \neq 1$， $x>y>0$， $n \in N_+$，判断下列的命题正确与否.

（1） $(\log_a x)^n = n\log_a x$ （　　）

（2） $(\log_a x)^n = \log_a x^n$ （　　）

（3） $-\log_a x = \log_a \dfrac{1}{x}$ （　　）

（4） $a^{n\log_a x} = x^n$ （　　）

（5） $\dfrac{\log_a x}{\log_a y} = \log_a \dfrac{x}{y}$ （　　）

（6） $\sqrt[n]{\log_a x} = \dfrac{1}{n}\log_a x$ （　　）

（7） $\dfrac{1}{n}\log_a x = \log_a \sqrt[n]{x}$ （　　）

（8） $\log_a \dfrac{x-y}{x+y} = -\log_a \dfrac{x+y}{x-y}$ （　　）

4.2.4 对数函数及其图像与性质

学习目标：
（1）了解对数函数的概念、图像和性质，会求对数函数的定义域；
（2）会用列表描点法画出对数函数的图像；
（3）会运用对数函数的性质比较两个对数的大小.

1. 对数函数的定义

一般地，函数 $y = \log_a x$（$a > 0$，$a \neq 1$，$x > 0$）叫做**对数函数**，例如，$y = \log_2 x$，$y = \log_{\frac{1}{2}} x$ 就是对数函数.

2. 对数函数的图像与性质

例 4－19 用描点法画出 $y = \log_2 x$ 的图像.

解：列出 x，y 的对应值，见表 4－4.

表 4－4

x	0	...	$\frac{1}{4}$	$\frac{1}{2}$	1	2	4	...
$y = \log_2 x$	无意义	...	-2	-1	0	1	2	...

用描点法画出图像见图 4－5.

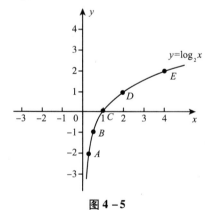

图 4－5

例 4－20 用描点法画出函数 $y = \log_{\frac{1}{2}} x$ 的图像.

解：列出 x，y 的对应值，见表 4－5.

表 4 – 5

x	0	$\cdots$	$\dfrac{1}{4}$	$\dfrac{1}{2}$	1	2	4	$\cdots$
$y = \log_{\frac{1}{2}} x$	无意义	$\cdots$	2	1	0	-1	-2	$\cdots$

用描点法画出图像见图 4 – 6.

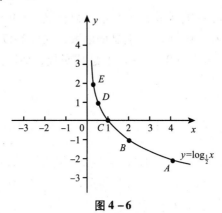

图 4 – 6

从函数 $y = \log_2 x$ 和 $y = \log_{\frac{1}{2}} x$ 的对应值表和图像可看出这两个函数具有下列特点：

（1）两个函数的图像都通过点（1，0）；

（2）函数 $y = \log_2 x$ 在区间（0，$+\infty$）上是增函数，$x > 1$ 时，$y > 0$；$0 < x < 1$ 时，$y < 0$；

（3）函数 $y = \log_{\frac{1}{2}} x$ 在区间（0，$+\infty$）上是减函数，$x > 1$ 时，$y < 0$；$0 < x < 1$ 时，$y > 0$.

小结：函数 $y = \log_a x$ 的图像如下：

1. 当 $a > 1$ 时，见图 4 – 7.

2. 当 $0 < a < 1$ 时，见图 4 – 8.

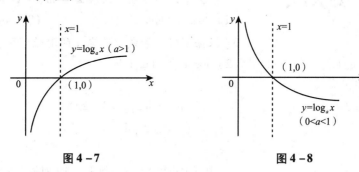

图 4 – 7   图 4 – 8

3. 函数 $y = \log_a x$（$a > 0$，$a \neq 1$，$x > 0$）的图像具有以下性质：

（1）对数函数 $y = \log_a x$ 的定义域是（0，$+\infty$），值域是 R.

（2）函数的图像都通过点（1，0）.

（3）当 $a > 1$ 时，函数是增函数，$x > 1$ 时，$y > 0$；$0 < x < 1$ 时，$y < 0$；

当 $0 < a < 1$ 时，函数是减函数，$x > 1$ 时，$y < 0$；$0 < x < 1$ 时，$y > 0$.

例 4 – 21 比较下列各组数中两个值的大小：

（1）$\log_{0.5}\dfrac{1}{3}$ 与 $\log_{0.5}\dfrac{1}{5}$ （2）$\lg 1.9$ 与 $\lg 1.4$

（3）$\ln 2$ 与 $\ln 7$ （4）$\log_{0.3}0.7$ 与 1

解：（1）∵ 对数函数 $y=\log_{0.5}x$ 在（0，$+\infty$）上是减函数，又∵ $\dfrac{1}{3}>\dfrac{1}{5}$，∴ $\log_{0.5}\dfrac{1}{3}<$

$\log_{0.5}\dfrac{1}{5}$.

（2）∵ 对数函数 $y=\lg x$ 在（0，$+\infty$）上是增函数，又∵ $1.9>1.4$，∴ $\lg 1.9>\lg 1.4$

（3）∵ 对数函数 $y=\ln x$ 在（0，$+\infty$）上是增函数，又∵ $2<7$，∴ $\ln 2<\ln 7$

（4）∵ 对数函数 $y=\log_{0.3}x$ 在（0，$+\infty$）上是减函数，而 $\log_{0.3}0.3=1$，又∵ $0.7<0.3$，所以 $\log_{0.3}0.7<1$

例 4-22 求下列函数的定义域：

（1）$y=\log_3（1+x）$ （2）$y=\dfrac{1}{\log_3 x}$

解：（1）∵ $1+x>0$，即 $x>-1$. ∴ 函数 $y=\log_3（1+x）$ 的定义域是（-1，$+\infty$）

（2）∵ $\begin{cases}\log_3 x\neq 0 \\ x>0\end{cases}$ 解得：$\begin{cases}x\neq 1 \\ x>0\end{cases}$

∴ 函数 $y=\dfrac{1}{\log_3 x}$ 的定义域是（$0,1$）$\cup$（1，$+\infty$）

1. 比较下列各题中两个值的大小：

（1）$\log_2 1$ 与 $\log_2 3$ （2）$\log_5 6$ 与 $\log_5 0.6$

（3）$\lg 7$ 与 $\lg 9$ （4）$\ln\dfrac{1}{5}$ 与 $\ln\dfrac{1}{10}$

2. 根据下列不等式，比较正数 m、n 的大小：

（1）$\log_6 m<\log_6 n$ （2）$\log_{\frac{1}{3}}m>\log_{\frac{1}{3}}n$

3. 根据下列不等式，确定 a 的取值范围：

（1）$\log_a 3<\log_a 0.3$

（2）$\log_a 1.9>\log_a 1.7$

4. 求下列函数的定义域：

（1）$y=\log_3（2-x）$ （2）$y=\log_{0.2}（3+2x）$

（3）$y=\log_4\sqrt{x}$ （4）$y=\sqrt{\lg x}$

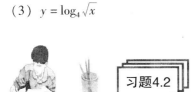

1. 把下列指数式化为对数式，或把对数式化为指数式：

（1）$\log_2 16=4$ （2）$2^5=32$

（3）$\log_3 1=0$ （4）$3^4=81$

2. 利用指数函数的性质比较下列各题中两个值的大小：

（1）$2^{0.3}$ 与 2^{-5} （2）$\left(\dfrac{1}{2}\right)^3$ 与 2^{-4}

（3）$6^{0.7}$，0.7^6

3. 利用对数函数的性质比较下列各题中两个值的大小：

（1）$\lg 2.7$ 与 $\lg 2.6$　　　　（2）$\log_2 \frac{1}{4}$ 与 1　　　　（3）$\log_3 \pi$ 与 $\ln \pi$　　　　（4）$\log_6 7$ 与 $\log_7 6$

4. 在同一直角坐标系内，画出下列函数的图像：

（1）$y = 3^x$　　　　（2）$y = \left(\frac{1}{3} \right)^x$

5. 化简计算：

（1）$(\log_3 14 - \log_3 2) \cdot \log_7 9$

（2）$\log_6 6 + \log_5 1 - \log_5 125 + \log_2 \sqrt[3]{4}$

6. 比较下列各题中两个值的大小：

（1）$\log_a 6$ 与 $\log_a 8$（$0 < a < 1$）　　　　（2）$\log_2 3$ 与 $\log_3 10$

7. 求证：

（1）$\log_2 8 = \log_4 64$　　　　（2）$\log_9 81 = \frac{1}{2} \log_3 81$

4.3　指数函数与对数函数的应用

4.3.1　指数函数的应用

学习目标：
（1）初步了解指数函数在实际中的应用；
（2）会运用指数函数求解简单的实际问题.

指数与指数函数在经济中应用广泛，下面举例说明：

例 4 - 23　某城市现有人口 100 万，如果人口的自然增长率控制在 1.25%，按这个增长率计算：

（1）5 年后这个城市的人口将达到多少万？

（2）15 年后这个城市的人口将达到多少万？

解：按自然增长率控制在 1.25% 计算，1 年后该城市人口总数为：

$100 + 100 \times 1.25\% = 100 \times (1 + 1.25\%)$

2 年后该城市人口总数为：

$100 \times (1 + 1.25\%) + 100 \times (1 + 1.25\%) \times 1.25\% = 100 \times (1 + 1.25\%)^2$

以此类推：

（1）5 年后这个城市的人口总数为：

$100 \times (1 + 1.25\%)^5 \approx 106.41$（万）

（2）15 年后这个城市的人口总数为：

$100 \times (1 + 1.25\%)^{15} \approx 120.48$（万）

计算器（CASIO fx - 82ES）计算，见表 4 - 6.

表 4 – 6

按　键	显　示
$\boxed{1.0125}\ \wedge\ \boxed{5}$	$\boxed{=}$ 1.06408215
$\boxed{1.0125}\ \wedge\ \boxed{15}$	$\boxed{=}$ 1.20482918

答：5 年后这个城市的人口将达到 106.41 万，15 年后这个城市的人口将达到 120.48 万.

例 4 – 24 某地区 2012 年粮食平均每亩产量为 500kg，从 2013 年起实施科学管理，计划每年产量比上一年增产 6%，写出年产量随着年数变化的关系式.

解：按计划每年产量比上一年增产 6% 计算，1 年后产量为：

$500 + 500 \times 6\% = 500 \times (1 + 6\%)$

2 年后产量为：

$500 \times (1 + 6\%) + 500 \times (1 + 6\%) \times 6\% = 500 \times (1 + 6\%)^2$

以此类推：x 年后的产量 y 为：

$y = 500 \times (1 + 6\%)^x$（kg）

例 4 – 25 某农场播种蔬菜面积 4 000 亩，蔬菜平均亩产 3 000 千克，收购价每千克 2 角，求蔬菜总产量、总产值和平均亩产值.

解：总产量 $= 4 \times 10^3 \times 3 \times 10^3 = 1.2 \times 10^7$（千克）

总产值 $= 1.2 \times 10^7 \times 2 \times 10^{-1} = 2.4 \times 10^6$（元）

平均亩产值 $= 3 \times 10^3 \times 2 \times 10^{-1} = 6 \times 10^2$（元）

答：蔬菜总产量为 1 200 万千克，总产值为 240 万元，平均亩产值为 600 元.

例 4 – 26 甲在 2012 年 5 月 1 日按三年期存入银行 10 000 元，整存整取三年期的利率为 3%，活期利率为 1.5%，问：

（1）如果甲在三年后到期取出，那么连本加利息共有多少元？

（2）如果甲在一年后取出，那么连本加利息共有多少元？

解：（1）三年后的利息为：$10\,000 \times 3\% \times 3 = 900$（元）

连本加利息为：$10\,000 + 900 = 10\,900$（元）

（2）甲在一年后取出，则按活期计算利率，利息为：

$10\,000 \times 1.5\% = 150$（元）

连本加利息为：$10\,000 + 150 = 10\,150$（元）

例 4 – 27* 商场装有 40 瓦日光灯 500 支，每天照明 8 小时，镇流器耗电约为灯管耗电量的 1/10，每千瓦小时电费为 0.61 元，试估算商场一个月（按 30 天计）的照明电费.

解：全月用电量：

$40 \times 500 \times 8 \times 30 \times (1 + 0.1) = 4 \times 5 \times 8 \times 3 \times 1.1 \times 10^4 = 5.28 \times 10^6$（瓦·小时）

一个月的照明电费：$\dfrac{5.28 \times 10^6 \times 6.1 \times 10^{-1}}{10^3} = 3.22 \times 10^3$（元）

商场每月照明电费约 3 220 元.

1. 某种衬衫的年产量原来是 50 万件，引进技术后，每一年可比上一年增产 10%，写出在今后的 n 年内，年产量随着年数变化的关系式.

2. 某种机车的价值是 200 万元，如果每年的损耗率为 5%，那么 5 年之后，它的价值降为多少万元？

3. 学校需用木条 450 根，每根长度 2 米，截面是 6 厘米 ×8 厘米，试计算这批木料合多少立方厘米？

4. 某市 2012 年工业总产值为 2 000 亿元，如果每年保持 12% 的增长率，该市 5 年后的工业总产值是多少亿元？

4.3.2 对数与对数函数的应用

学习目标：

（1）初步了解对数函数在实际中的应用；

（2）会运用对数函数求解简单的实际问题.

例 4 – 28 某地区 2000 年的人口为 300 万，每年的人口平均增长率为 1.2%，经过大约多少年，人口将达到 600 万？

解：1 年后的人口为：$300 + 300 \times 1.2\% = 300 \times (1 + 1.2\%)$

2 年后的人口为：

$300 \times (1 + 1.2\%) + 300 \times (1 + 1.2\%) \times 1.2\%$

$= 300 (1 + 1.2\%)^2$ …

设 x 年后人口达到 600 万

则 $300 \times (1 + 1.2\%)^x = 600$

$(1 + 1.2\%)^x = 2$

即 $1.012^x = 2$

两边取对数 $x\lg 1.012 = \lg 2$

$x = \dfrac{\lg 2}{\lg 1.012} \approx \dfrac{0.30103}{0.00518} \approx 58$

计算器（CASIO fx – 82ES）计算，见表 4 – 7.

表 4 – 7

按 键	显 示
$\boxed{\log}\ 2\ \boxed{=}$	0.30103
$\boxed{\log}\ 1.012\ \boxed{=}$	0.00518

答：经过大约 58 年人口达到 600 万.

例 4 - 29　镭—228 每经过一年剩余的量约为原来的 90.17%，试问：经过多少年后，剩余量为原来的一半？

解：设镭—228 的最初量为 a，约经过 x 年后剩余量是最初质量的一半.

一年后剩余量为：$a \times 90.17\% = 0.9017a$

两年后剩余量为：$0.9017a \times 90.17\% = 0.9017^2 a$

一般地，经过 x 年后剩余量为 $0.9017^x a$

依题意有：$0.9017^x a = 0.5a$

即：$0.9017^x = 0.5$

从而：$x = \log_{0.9017} 0.5 = \dfrac{\ln 0.5}{\ln 0.9017} \approx 6.7$

答：约经过 6.7 年后镭—228 剩余量是原来的一半.

1. 春天来了，某池塘中的荷花枝繁叶茂，已知每一天荷叶覆盖水面面积是前一天的 2 倍，若荷叶 20 天可以完全长满池塘水面，当荷叶刚好覆盖水面面积一半时，荷叶已生长了（　　）.

  A. 10 天　　　　　　　　　　B. 15 天

  C. 19 天　　　　　　　　　　D. 20 天

2. 某种细菌在培养过程中，每 15 分钟分裂一次（由一个分裂成两个），则这种细菌由 1 个繁殖成 4 096 个需经过_____小时.

3. 某工厂 2012 年产值 500 万元，2017 年产值 800 万元，求每年平均增长率.

1. 一种零件原来的年产量是 50 万件，现在改进技术，计划使每年的产量比上一年增产 8%. 求 5 年后该零件的产量？

2. 某县 2012 年工业生产总值为 250 亿元，如果计划每年增长 10%，试问：（1）2013 年该县工业生产总值是多少亿元？（2）如果 2013 年的工业生产总值是 750 亿元，那么该县能否完成计划？

3. 某机床由于工艺落后被置于仓库内，入库时的价值是 20 万元，如果每年的损耗率为 5%，那么经过 5 年后它的价值是多少？经过多少年，它的价值会降为 10 万元？

4. 一种机器的年产量原来为 1 万台，在今后 10 年内，计划使年产量平均比上一年增加 10%，

（1）试写出年产量 y（万台）随年数 x（年）变化的关系式，并写出其定义域；

（2）画出其函数图像.

5. 国务院总理温家宝同志提出 2010 年人均国内生产总值比 2000 年翻一番的要求，要达到此要求，中国的人均国内生产总值的年平均增长率应该是多少？

6. 2005 年，中国国内生产总值达到 182 321 亿元，如果按 8% 的年平均增长率，则中国到 2015 年的国内生产总值增长了多少？

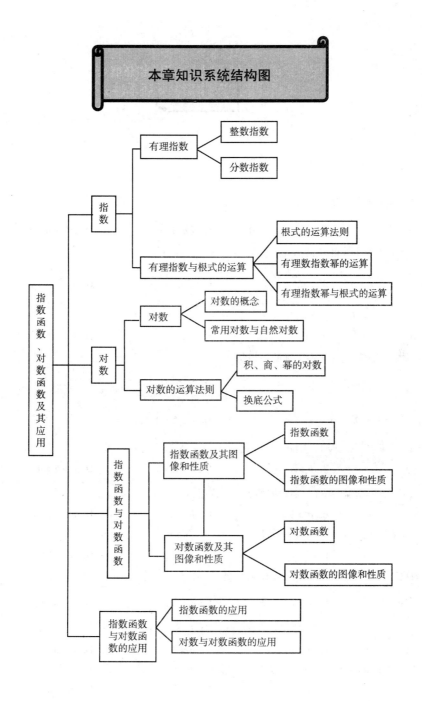

本章知识系统结构图

考一考

一、选择题

1. 下列等式一定成立的是（　　）.

   A. $a^{\frac{1}{3}} \cdot a^{\frac{3}{2}} = a$　　　B. $a^{-\frac{1}{2}} \cdot a^{\frac{1}{2}} = 0$　　　C. $(a^3)^2 = a^9$　　　D. $a^{\frac{1}{2}} \div a^{\frac{1}{3}} = a^{\frac{1}{6}}$

2. 计算 $\left[(-\sqrt{2})^2\right]^{-\frac{1}{2}}$ 的结果是（　　）.

   A. $\sqrt{2}$　　　　　B. $-\sqrt{2}$　　　　　C. $\dfrac{\sqrt{2}}{2}$　　　　　D. $-\dfrac{\sqrt{2}}{2}$

3. 计算 $(9^2)^{\frac{1}{2}} - (-100)^0$ 的值等于（　　）.

   A. -10　　　　　B. 10　　　　　C. -8　　　　　D. 8

4. 下列指数式与对数式互化不正确的一组是（　　）

   A. $10^0 = 1$ 与 $\lg 1 = 0$　　　　　　　　　　B. $27^{-\frac{1}{3}} = \dfrac{1}{3}$ 与 $\log_{27}\dfrac{1}{3} = -\dfrac{1}{3}$

   C. $\log_3 \dfrac{1}{2} = 9$ 与 $9^{\frac{1}{2}} = 3$　　　　　　　D. $\log_5 5 = 1$ 与 $5^1 = 5$

5. 若 $a = 2^{0.2}$，$b = 2^{0.6}$，$c = 1$，则 a，b，c 的大小关系是（　　）.

   A. $a > b > c$　　　B. $b > a > c$　　　C. $b > c > a$　　　D. $c > b > a$

6. 若 $a = 1.5^{\frac{1}{2}}$，$b = 3^{\frac{1}{2}}$，$c = 1$，则它们的大小顺序是（　　）.

   A. $b > a > c$　　　B. $a > b > c$　　　C. $b > c > a$　　　D. $c > b > a$

7. 已知 $3^a = 2$，那么 $\log_3 2 - 2$ 用 a 表示是（　　）.

   A. a　　　　　B. $a - 2$　　　　　C. $2 - a$　　　　　D. 无法确定

8. 下列函数中，在 $(1, +\infty)$ 上为增函数的是（　　）.

   A. $y = \log_{\frac{1}{2}}(x - 1)$　　B. $y = \log_2(x - 1)$　　C. $y = \log_2 \dfrac{1}{x}$　　D. $y = \log_{\frac{1}{2}} x$

9. 若函数 $y = \log_2(x + b)$ 的图像过点 $(0, 1)$，则（　　）.

   A. $b = 2$　　　　　B. $b = 1$　　　　　C. $b = 3$　　　　　D. $b = 0$

10. 设 $a = \log_3 2$，则 $\log_3 8 - 2\log_3 6$ 用 a 表示的形式是（　　）.

    A. $a - 1$　　　　B. $a - 2$　　　　C. $a - 3$　　　　D. $5a - 2$

11. 某厂 2004 年的产值为 a 万元，预计产值每年以 5% 递增，该厂到 2016 年的产值是（　　）.

    A. $a(1 + 5\%)^{13}$ 万元　　　　　　　　B. $a(1 + 5\%)^{12}$ 万元

    C. $a(1 + 5\%)^{11}$ 万元　　　　　　　　D. $\dfrac{10}{9}(1 + 5\%)^{12}$ 万元

12. $\log_2 3 \cdot \log_3 4 \cdot \log_4 5 \cdot \log_5 6 \cdot \log_6 7 \cdot \log_7 8$ 的值为（　　）.

    A. 1　　　　　B. 2　　　　　C. 3　　　　　D. 4

二、填空题

1. $16^{-\frac{1}{2}} = $ _____；$\log_3 \sqrt{9} = $ _____；$\lg 5 + \lg 2 = $ _____；$\lg 25 + \lg 4 + \lg 1 = $ _____．

2. 指数函数 $y = a^x$ （$a > 0$，$a \neq 1$）的图像都通过点 _____；对数函数 $y = \log_a x$ （$a > 0$，$a \neq 1$）的图像都通过点 _____．

3. $\log_2 a > 1$，则 a 的取值范围是 _____．

4. 写出下列函数的定义域：

（1）$y = \sqrt{x - 1}$ 的定义域是 _____；　　　　　　（2）$y = \sqrt[3]{x}$ 的定义域是 _____；

（3）$y = \log_3(x + 1)$ 的定义域是 _____；　　　　　（4）$y = \left(\dfrac{1}{2}\right)^{x^2}$ 的定义域是 _____；

（5）$y = \log_{\frac{1}{2}} 3x$ 的定义域是 _____；　　　　（6）$y = \log_{(x-1)} 3$ 的定义域是 _____．

5. 已知 $\lg 2 = 0.3010$，$\lg 3 = 0.4771$，$\lg 12 = $ _____．

6. 比较大小：

$\log_4 2$ _____ $\log_4 6$；　$\log_{\frac{1}{9}} 6$ _____ $\log_{\frac{1}{9}} 8$；　$\lg 5$ _____ $\lg 8$．

7. 已知 $f(x) = x^2 + b$ 且 $f(3) = 10$，则 $f(-2) = $ _____．

8. 已知方程 $\log_2(2x^2 + 3x - 2) = 1$，则 $x = $ _____．

9. 已知 $\log_7 [\log_3 (\log_2 x)] = 0$，那么 $x^{-\frac{1}{2}}$ 等于 _____．

10. 写出下列式子的指数式或对数式：

（1）$2^4 = 16$　　　（2）$\log_2 x = 5$　　　（3）$a^2 = b$ （$a > 0$，$a \neq 1$）

11. （1）如果 $2^x = 32$，则 $x = $ _____；

（2）如果 $\left(\dfrac{1}{2}\right)^x < \left(\dfrac{1}{2}\right)^2$，则 x 的取值范围是 _____；

（3）如果 $3^x > 1$，则 x 的取值范围是 _____．

三、计算题

1. $4 \times \left(\dfrac{1}{2}\right)^{-2} + (\sqrt{3} - 1)^0 + \sqrt[3]{64}$　　　　2. $0.25 \times \left(-\dfrac{1}{2}\right)^{-4} - 4 \div (\sqrt{5} - 1)^0 - \left(\dfrac{1}{16}\right)^{-\frac{1}{2}}$

3. $\log_4 2 + \log_4 8$　　　　　　　　　　　　4. $a^2 \cdot a^{-2} \cdot a^6 \div a^{-4}$

5. $5^2 + \log_3 3^2$　　　　　　　　　　　　　6. $\log_3 7 + \log_3 \dfrac{1}{49} + \log_3 21$

7. $(-3.9)^0 + \lg 4 + \lg 25 + (-8)^{\frac{1}{3}}$

8. $0.064^{-\frac{1}{3}} - \left(-\dfrac{7}{8}\right)^0 + \left[(-2)^3\right]^{-\frac{4}{3}} + 16^{-0.75} + |-0.01|^{\frac{1}{2}}$

四、解答题

1. 求下列函数 x 和 y 的取值范围：

（1）$y = \log_2(x + 2)$　　　（2）$y = 2^{x-1}$　　　（3）$y = 2^{\sqrt{x-8}}$

2. 一种产品的年产量原来是 10 000 件，今后计划使年产量每年比上一年增加 $p\%$．写出年产量随经过年数变化的函数关系式.

3. 某地区目前人口增长率为每年 1%，按这种增长率，大约经过多少年人口就增加到原来的 2 倍（精确到 1 年）？

4. 一种机器的年产量原来为 1 万台，在今后 10 年内，计划使年产量平均比上一年增加 10%.

（1）试写出年产量 y（万台）随年数 x（年）变化的关系式，并写出其定义域；

（2）画出其函数图像.

5. 某镇 2010 年工业总产值为 30 亿元，如果每年平均增长率为 10%，求：

（1）到 2014 年时，该镇的工业总产值是多少亿元？

（2）该镇的工业总产值翻一番要经过多少年？

棋盘上的麦子

在古老的印度王国，国王为了重赏国际象棋的发明人——当时的宰相西萨·达依尔，问他要些什么奖赏，聪明的达依尔胃口看来并不大，他跪在国王面前说："陛下，请您在这张棋盘的第一个小格内赏我一粒麦子，在第二个小格内给两粒，第三个格内放4粒，第四个格内放8粒，照这样下去，每一个小格都比前一格多1倍。陛下啊，把这棋盘上的六十四个格子都放满麦子，你的仆人就心满意足了。""爱卿，你所求的并不多呀。"国王说道，心中为不用破费太多而暗喜。"你当然会如愿以偿的。"说着就叫人把一袋麦子拿到了棋盘前。计数麦粒的工作开始了，第一格放一粒，第二格放两粒，第三格放四粒……还没到第二十格，袋子已经空了。之后，一袋袋的麦子被扛到棋盘前。但是，照这样的增长速度，显而易见，即便把全印度的粮食都拿出来，都不能实现国王许下的诺言，因为总共需要18 446 744 073 709 551 615粒麦子！经过计算，这是全世界在2000年内所生产的全部麦子的总和，即使铺满整个地球也有半米的厚度！

这个古代故事用最通俗的方式，向我们阐述了复利（指数）增长的威力。因为棋盘上64个格子所需的麦子数量总和是2的64次方减1。

假定一只袋子的长宽高各为40公分，那么一只袋子有$4^3 = 64$公升，就算60公升吧！根据实际计算，一公升大约有2×10^4粒麦子，所以一只袋子大约有$2 \times 10^4 \times 60 = 1.2 \times 10^6$粒麦子。另外，用对数方法或用计算器可知$2^{64}$大约等于$1.8 \times 10^{19}$，所以把$1.8 \times 10^{19}$用$1.2 \times 10^6$去除就知道填满棋盘一共要$1.5 \times 10^{13}$袋麦子。但是$1.5 \times 10^{13}$袋麦子的量到底有多大？

大家知道地球赤道有4万公里长，也就是4×10^9公分长。把长为40公分的麦袋紧紧地摆在赤道上，则绕地球一圈要用10^8只袋子。1.5×10^{13}袋麦子可以绕地球1.5×10^5即15万圈！

第5章 三角函数基本知识

三角函数是描述客观世界中周期性变化规律的重要数学模型，在数学和其他领域中具有重要作用，它是学生在高中阶段学习的又一类重要的基本初等函数．本章将要学习角的概念的延伸，认识弧度制和角度制的联系等．通过本章的学习，学生将进一步加深对函数概念的理解，提高运用三角函数知识解决问题的能力．

在初中知识里，角分为锐角（大于0°小于90°的角）、直角（等于90°的角）、钝角（大于90°小于180°的角）、平角（等于180°的角），如果角大于180°，那么这个角将怎么表示呢？如下图角 α.

这个问题将涉及角的概念的延伸。

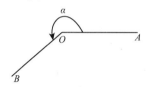

§5.1 角的概念

5.1.1 角的概念的推广

学习目标：
（1）理解角的概念；（2）掌握终边相同角的表示；（3）会判断一个角是第几象限角．

在平面几何中，角可以看做是由一条射线绕着它的端点旋转而成的图形．习惯上，我们规定：

（1）正角：按逆时针方向旋转而成的角叫做**正角**，见图5-1.

（2）负角：按顺时针方向旋转而成的角叫做**负角**，见图5-2.

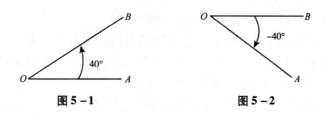

图 5 – 1   图 5 – 2

（3）零角：不做任何旋转的角叫做**零角**，见图 5 – 3.

射线 OA 绕端点 O 旋转到 OB 的位置所成的角，记做：$\angle AOB$. 其中点 O 叫做角的**顶点**，OA 叫做 $\angle AOB$ 的**始边**，OB 叫做 $\angle AOB$ 的**终边**（如图 5 – 1 所示）. 通常用符号 α、β、γ、…来表示角. 如 $\alpha = 40°$，$\beta = -40°$，$\gamma = 0°$

有了正角、负角和零角，我们就已经把角的概念推广到了任意大小了.

（4）象限角：

为了方便，我们总是把任意大小的角放在直角坐标系加以讨论.

具体方法是：①使角的顶点与坐标原点重合；②使角的始边与 x 轴的正半轴重合.

这样，角的终边落在第几象限，我们就把它叫做第几象限的角，见图 5 – 4.

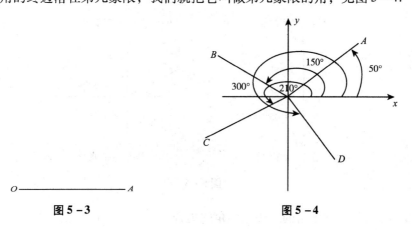

图 5 – 3   图 5 – 4

$50°$ 是第一象限的角，$150°$ 是第二象限的角，$210°$ 是第三象限的角，$300°$ 是第四象限的角. 如果角的终边落在坐标轴上，那么这个角不属于任何象限. 例如 $0°$，$90°$ 就不属于任何象限.

（5）终边相同的角：

有着相同的始边和终边的角叫做**终边相同的角**.

例如，$30°$ 与 $390°$ 是终边相同的角，见图 5 – 5.

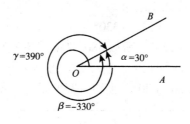

图 5 – 5

从图 5 – 5 中可看到 $390°$、$-330°$ 角的终边都与 $30°$ 角的终边相同，$390°$、$-330°$ 可分别

写成下列形式：$390° = 360° + 30°$，$-330° = -360° + 30°$

显然，除了这两个角外，与 $30°$ 的终边相同的角还有无数个，即：$2 \times 360° + 30°$，$3 \times 360° + 30°$，$-2 \times 360° + 30°$，$-3 \times 360° + 30° \cdots$ 所有与 $30°$ 角终边相同的角，连同 $30°$ 角在内，可以用集合表示为 $\{\beta \mid \beta = k \cdot 360° + 30°，k \in Z\}$．

一般地，与 α 角终边相同的角的集合可记作：$\{\beta \mid \beta = k \cdot 360° + \alpha，k \in Z\}$，显然，终边相同的角的特征是：彼此相差 $360°$ 的整数倍．

例 5 - 1　在直角坐标系中画出下列各角，并指出它们是第几象限的角？

（1）$45°$　　　（2）$90°$　　　（3）$-135°$　　　（4）$-210°$

解：

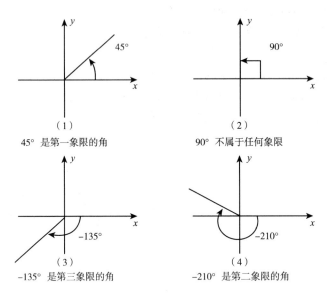

图 5 - 6

例 5 - 2　写出与下列各角的终边相同角的集合

（1）$60°$　　　（2）$150°$　　　（3）$210°$　　　（4）$-45°$

解：（1）与 $60°$ 终边相同的角的集合是 $M = \{\alpha \mid \alpha = k \times 360° + 60°，k \in Z\}$

　　　　（2）与 $150°$ 终边相同的角的集合是 $M = \{\alpha \mid \alpha = k \times 360° + 150°，k \in Z\}$

　　　　（3）与 $210°$ 终边相同的角的集合是 $M = \{\alpha \mid \alpha = k \times 360° + 210°，k \in Z\}$

　　　　（4）与 $-45°$ 终边相同的角的集合是 $M = \{\alpha \mid \alpha = k \times 360° + (-45°)，k \in Z\}$

例 5 - 3　判断下列各角是第几象限角．

（1）$580°$　　　（2）$820°$　　　（3）$-330°$

解：（1）因为 $580° = 360° + 220°$，所以 $580°$ 是第三象限的角．

　　　　（2）因为 $820° = 2 \times 360° + 100°$，所以 $820°$ 是第二象限的角．

　　　　（3）因为 $-330° = -360° + 30°$，所以 $-330°$ 是第一象限的角．

　　　　判断两个角的终边是否相同，只要看两个角的差是否是 $360°$ 的整数倍．如果是则两个角终边相同，如果不是，则两个角终边不同．

1.（口答）锐角是第几象限角？第一象限角一定是锐角吗？钝角是第几象限角？第二象限的角都是钝角吗？

2. 在直角坐标系中，以原点为顶点，x 轴的正半轴为始边，画出下列各角，并指出是第几象限的角.

(1) 135°　(2) 240°　(3) −60°　(4) −330°

(5) 390°　(6) −40°

3. 判断下列各角是第几象限的角.

(1) 432°　(2) 862°　(3) 228°　(4) −380°　(5) −530°　(6) −125°

4. 写出与下列角终边相同的角的集合.

(1) 70°　(2) −30°　(3) 60°　(4) −110°

5.（1）如果角 α 的终边经过点 $P(-1,3)$，则角 α 是_____象限的角.

（2）如果 α 是第一象限的角，且角 α 的终边经过点 $(x,3)$，那么实数 x 的范围是_____.

5.1.2　弧度制

学习目标：

（1）理解弧度的概念；（2）掌握弧度与角度的换算.

1. 角度制

把一周角分成360等分，规定其中每一等份为1°的角，这种用"度"为单位来度量角的制度叫做**角度制**.

2. 弧度制

我们把等于半径的圆弧所对的圆心角叫做1弧度的角，弧度记做 rad. 用"弧度"做单位表示角的制度叫做**弧度制**.

由弧度的定义，我们知道，　1周角 $=2\pi$ 弧度，　1周角 $=360°$

因此　$360° = 2\pi$ 弧度，$180° = \pi$ 弧度，$1° = \dfrac{\pi}{180}$ 弧度.

例 5−4　把45°化成弧度.

解：$45° = 45 \times 1° = 45 \times \dfrac{\pi}{180} = \dfrac{\pi}{4}$

例 5−5　把 $\dfrac{2\pi}{3}$ 弧度化成度.

解：$\dfrac{2\pi}{3} = \dfrac{360°}{3} = 120°$

例 5-6　写出与角 $\dfrac{\pi}{6}$ 终边相同的角的集合.

解：$S = \left\{ \beta \mid \beta = 2k\pi + \dfrac{\pi}{6}, k \in Z \right\}$

用弧度制表示与 α 角终边相同的角的集合记作：$\{\beta \mid \beta = 2k\pi + \alpha, k \in Z\}$

用弧度制表示角时,弧度二字可以省略.

1. 根据角度制与弧度制的换算关系填写表，并熟记表中内容（见表 5-1）.

表 5-1

角度制	0°	30°		60°	90°		135°	150°
弧度制			$\dfrac{\pi}{4}$			$\dfrac{2\pi}{3}$		

角度制		210°	240°			300°		360°
弧度制	π			$\dfrac{5\pi}{4}$	$\dfrac{3\pi}{2}$		$\dfrac{11\pi}{6}$	

2. 将下列各角度化成弧度：

（1）30°　　（2）180°　　（3）120°　　（4）−60°　　（5）135°　　（6）−45°

3. 将下列各弧度化成角度：

（1）$\dfrac{\pi}{12}$　　（2）$\dfrac{2\pi}{3}$　　（3）$\dfrac{5\pi}{4}$　　（4）$\dfrac{\pi}{5}$　　（5）$-\dfrac{\pi}{6}$　　（6）$-\dfrac{4\pi}{9}$

4. 填空：

（1）如果 $0 < \alpha < \dfrac{\pi}{4}$，则 2α 是第 _____ 象限角；

（2）如果 $\dfrac{\pi}{4} < \alpha < \dfrac{\pi}{2}$，则 2α 是第 _____ 象限角.

5. 写出与下列各角终边相同的角的集合.

　　　　　　　　　　　　　　　　　　财经应用数学基础模块

(1) $\dfrac{\pi}{3}$ (2) $\dfrac{3\pi}{4}$ (3) $-\dfrac{\pi}{6}$ (4) $-\dfrac{5\pi}{8}$

§5.2 任意角的三角函数

学习目标:
(1) 理解任意角的三角函数的概念;(2) 会利用定义求三角函数值;
(3) 掌握三角函数符号的判断;(4) 熟练掌握特殊角的三角函数值.

1. 任意角三角函数的定义

设 α 是任意大小的角,以角 α 的顶点 O 为坐标原点,以角 α 的始边的方向作为 x 轴的正方向,建立直角坐标系 xOy(见图 5 - 7),在角 α 的终边上任取一个与原点不重合的点 P (x,y),点 P 到原点的距离为 $r = |OP| = \sqrt{x^2 + y^2},(r > 0)$

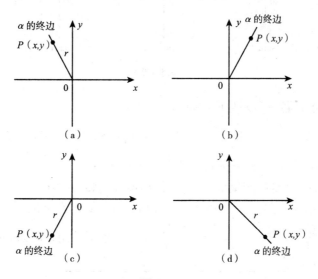

图 5 - 7

那么角 α 的正弦、余弦、正切的定义分别是:$\sin\alpha = \dfrac{y}{r}$;$\cos\alpha = \dfrac{x}{r}$;$\tan\alpha = \dfrac{y}{x}$. 正弦,余弦,正切是以角为自变量,比值为函数值的函数,这组函数统称为**角 α 的三角函数**.

例 5 - 7 已知角 α 的终边上一点 P $(2,-3)$,求 $\sin\alpha$、$\cos\alpha$、$\tan\alpha$ 的值(见图 5 - 8).

解: 已知 P $(2,-3)$,则 $r = |OP| = \sqrt{2^2 + (-3)^2} = \sqrt{13}$ 由三角函数的定义,得

$$\sin\alpha = \frac{y}{r} = \frac{-3}{\sqrt{13}} = -\frac{3\sqrt{13}}{13}, \cos\alpha = \frac{x}{r} = \frac{2}{\sqrt{13}} = \frac{2\sqrt{13}}{13}, \tan\alpha = \frac{y}{x} = \frac{-3}{2} = -\frac{3}{2}.$$

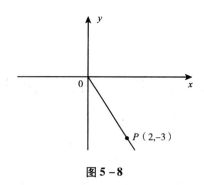

图 5 - 8

2. 任意角三角函数值的符号

各象限角的三角函数的符号规律见图 5 - 9.

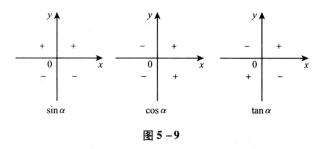

图 5 - 9

例 5 - 8 确定下列各三角函数值的符号：

（1）$\sin 60°$ （2）$\cos(-45°)$ （3）$\cos(-250°)$ （4）$\tan \dfrac{13\pi}{6}$

解：（1）因为 $60°$ 是第一象限的角，所以 $\sin 60° > 0$

（2）因为 $-45°$ 是第四象限的角，所以 $\cos(-45°) > 0$

（3）因为 $-250°$ 是第二象限的角，所以 $\cos(-250°) < 0$

（4）因为 $\dfrac{13\pi}{6} = 2\pi + \dfrac{\pi}{6}$，所以 $\dfrac{13\pi}{6}$ 是第一象限的角，所以 $\tan \dfrac{13\pi}{6} > 0$

判断三角函数的符号,分两步:
1.判断这个角在哪个象限;
2.根据图5-9的符号法则判断即可.

如果角 α 为 0，$\dfrac{\pi}{2}$，π，$\dfrac{3\pi}{2}$，2π，…，则角 α 的终边落在坐标轴上；此外，$\dfrac{\pi}{6}$，$\dfrac{\pi}{4}$，$\dfrac{\pi}{3}$ 也是常用的角，我们称这些角为特殊角．部分常用的特殊角的三角函数值见表 5 - 2.

表 5 – 2

角度	0°	30°	45°	60°	90°	180°	270°
弧度	0	$\dfrac{\pi}{6}$	$\dfrac{\pi}{4}$	$\dfrac{\pi}{3}$	$\dfrac{\pi}{2}$	π	$\dfrac{3\pi}{2}$
$\sin\alpha$	0	$\dfrac{1}{2}$	$\dfrac{\sqrt{2}}{2}$	$\dfrac{\sqrt{3}}{2}$	1	0	-1
$\cos\alpha$	1	$\dfrac{\sqrt{3}}{2}$	$\dfrac{\sqrt{2}}{2}$	$\dfrac{1}{2}$	0	-1	0
$\tan\alpha$	0	$\dfrac{\sqrt{3}}{3}$	1	$\sqrt{3}$	不存在	0	不存在

3. 特殊角的三角函数

例 5 – 9 求下列各式的值:

(1) $\sin 90° + 2\cos 0° - 3\sin 270° + 10\cos 180°$

(2) $12\sin\dfrac{\pi}{3} - 7\cos 0 - 2\tan\dfrac{\pi}{4} - 10\cos\pi$

解: (1) $\sin 90° + 2\cos 0° - 3\sin 270° + 10\cos 180° = 1 + 2 + 3 - 10 = -4$

(2) $12\sin\dfrac{\pi}{3} - 7\cos 0 - 2\tan\dfrac{\pi}{4} - 10\cos\pi = 6\sqrt{3} - 7 - 2 + 10 = 1 + 6\sqrt{3}$

---

1. 已知点 P 在角 α 的终边上,求角 α 的 $\sin\alpha$、$\cos\alpha$、$\tan\alpha$.

(1) $P(1,-1)$ (2) $P(4,3)$

(3) $P(-1,\sqrt{3})$ (4) $P(-3,-3)$

(5) $P(-3,4)$ (6) $P(6,8)$

想一想

练习5.2

练一练

2. 求 $45°$ 和 $60°$ 的三种三角函数值.

3. 确定下列各三角函数值的符号:

(1) $\sin 45°$ (2) $\cos(-120°)$ (3) $\tan\dfrac{2\pi}{3}$ (4) $\cos 330°$ (5) $\cos 120°$

(6) $\sin 80°$ (7) $\tan(-30°)$ (8) $\sin(-165°)$ (9) $\cos 210°$ (10) $\cos\dfrac{\pi}{4}$

4. (1) 如果 $\sin\theta < 0$,则 θ 是_____象限的角.

   (2) 如果 $\cos\theta > 0$,则 θ 是_____象限的角.

   (3) 如果 $\tan\theta < 0$,则 θ 是_____象限的角.

   (4) 如果 $\tan\theta > 0$,且 $\sin\theta < 0$,则 θ 是_____象限的角.

   (5) 如果 $\sin\theta < 0$,且 $\cos\theta < 0$,则 θ 是_____象限的角.

5. 已知 α 满足条件 $\sin\alpha\tan\alpha > 0$,且 $\cos\alpha\tan\alpha < 0$,试确定 α 是第几象限角.

6. 求下列各式的值:

(1) $\sin 45° - \cos 60° + \tan 30°$

（2）$\sqrt{3}\sin 30° - 5\cos 60° + \tan 45° - \sin 90°$

（3）$\sin 60° \cdot \sqrt{2}\cos 45° + \tan 60° \times \sqrt{3}\cos 180°$

（4）$\cos \dfrac{3\pi}{2} + \cos 0 - \sin \dfrac{\pi}{2} + \sin \pi$

（5）$\cos \dfrac{\pi}{3} - \tan \dfrac{\pi}{4} + \dfrac{3}{4}\tan \pi - \sin \dfrac{\pi}{6} + \cos \dfrac{\pi}{6}$

（6）$\cos \dfrac{\pi}{2}\sin 0 - 3\sin \dfrac{\pi}{2}\tan \pi$

7. 想一想，设 A 是三角形 ABC 的一个内角，在 $\sin A$，$\cos A$，$\tan A$ 中，哪几个有可能取负数？

§5.3　同角三角函数基本关系式

学习目标：
（1）熟练掌握同角三角函数基本关系式；
（2）会灵活运用同角三角函数基本关系式求值、化简.

1. 同角三角函数基本关系式

根据三角函数的定义，可以得出下列同角三角函数的基本关系式：
（1）平方关系：$\sin^2\alpha + \cos^2\alpha = 1$
（2）商数关系：$\tan\alpha = \dfrac{\sin\alpha}{\cos\alpha}$

2. 同角三角函数基本关系式的应用

例 5－10　化简：
（1）$\cos\theta\tan\theta$　　　（2）$(1 - \sin\theta)(1 + \sin\theta)$

解：（1）$\cos\theta\tan\theta = \cos\theta \times \dfrac{\sin\theta}{\cos\theta} = \sin\theta$

　　　　（2）$(1 - \sin\theta)(1 + \sin\theta) = 1 - \sin^2\theta = \cos^2\theta$

例 5－11　已知 $\sin\alpha = \dfrac{1}{2}$，且 α 是第二象限的角，求 $\cos\alpha$、$\tan\alpha$ 的值.

解：∵ α 是第二象限的角，所以 $\cos\alpha < 0$

∴ $\cos\alpha = -\sqrt{1 - \sin^2\alpha} = -\sqrt{1 - (\dfrac{1}{2})^2}$

$\qquad\qquad = -\sqrt{1 - \dfrac{1}{4}} = -\dfrac{\sqrt{3}}{2}$

$$\tan\alpha = \frac{\sin\alpha}{\cos\alpha} = \frac{\frac{1}{2}}{-\frac{\sqrt{3}}{2}} = -\frac{\sqrt{3}}{3}$$

例 5 - 12 已知 $\tan\alpha = -2$，且 α 是第二象限的角，求 $\sin\alpha$ 和 $\cos\alpha$ 的值．

解： 根据题意，可列方程组

$$\begin{cases} \sin^2\alpha + \cos^2\alpha = 1 & (1) \\ \dfrac{\sin\alpha}{\cos\alpha} = -2 & (2) \end{cases}$$

由 (2) 式得，$\sin\alpha = -2\cos\alpha$，

代入 (1) 式，得 $5\cos^2\alpha = 1$，　　$\cos^2\alpha = \dfrac{1}{5}$

$\because \alpha$ 是第二象限的角，　　$\therefore \cos\alpha = -\dfrac{\sqrt{5}}{5}$

$\therefore \sin\alpha = -2\cos\alpha = -2 \times \left(-\dfrac{\sqrt{5}}{5}\right) = \dfrac{2\sqrt{5}}{5}$

在运用平方关系式 $\sin^2\alpha + \cos^2\alpha = 1$，求 $\sin\alpha$ 或 $\cos\alpha$ 时，根号前面的符号由角 α 所在的象限来确定．

想一想

练习5.3

练一练

1．判断正误：

(1) 因为 $\sin^2\alpha + \cos^2\alpha = 1$　$\therefore \sin^4\alpha + \cos^4\alpha = 1$

　　　　　　　　　　　　　　　　　　　　（　　）

(2) $\sin^4\alpha - \cos^4\alpha = \sin^2\alpha - \cos^2\alpha$　　　（　　）

(3) 已知 $\tan\alpha = \dfrac{4}{3}$　$\because \tan\alpha = \dfrac{\sin\alpha}{\cos\alpha}$　$\therefore \sin\alpha = 4$，

$\cos\alpha = 3$　　　　　　　　　　　　　　　　　　　（　　）

(4) $\sin^2\dfrac{1}{2} + \cos^2\dfrac{1}{2} = \dfrac{1}{2}$　　　　　　　　　　　（　　）

2．化简下列各式：

(1) $\sqrt{1 - \sin^2 10°}$　　(2) $\dfrac{\sin\alpha}{\tan\alpha}$　　(3) $(\sin\alpha + \cos\alpha)^2 + (\sin\theta - \cos\theta)^2$

(4) $(1 - \sin\alpha)(1 + \sin\alpha)$

3．已知 $\sin\alpha = -\dfrac{1}{2}$，且 α 是第三象限的角，求 $\cos\alpha$ 和 $\tan\alpha$ 的值．

4．已知 $\cos\alpha = \dfrac{\sqrt{2}}{2}$，且 α 是第四象限的角，求 $\sin\alpha$ 和 $\tan\alpha$ 的值．

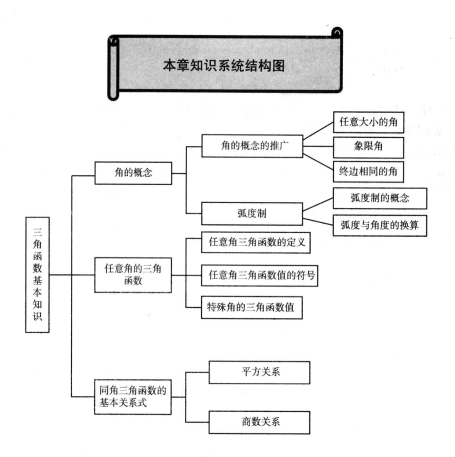

本章知识系统结构图

三角函数基本知识
- 角的概念
  - 角的概念的推广
    - 任意大小的角
    - 象限角
    - 终边相同的角
  - 弧度制
    - 弧度制的概念
    - 弧度与角度的换算
- 任意角的三角函数
  - 任意角三角函数的定义
  - 任意角三角函数值的符号
  - 特殊角的三角函数值
- 同角三角函数的基本关系式
  - 平方关系
  - 商数关系

一、选择题

1. 已知角 α 的终边上一点 $P(-3, 4)$，则 $\sin\alpha = ($).

    A. $\dfrac{3}{5}$ B. $-\dfrac{3}{5}$

    C. $\dfrac{4}{5}$ D. $-\dfrac{4}{5}$

2. 若 $\sin\theta < 0$，$\cos\theta < 0$，则 θ 所在象限是（   ）.

    A. 第一象限   B. 第二象限

    C. 第三象限   D. 第四象限

3. 已知四个角分别是 $-120°$，$-240°$，$180°$，$495°$，其中是第二象限的角有（   ）.

    A. $-120°$，$-240°$ B. $-120°$，$180°$

    C. $-240°$，$180°$ D. $-240°$，$495°$

4. 与 $132°$ 角终边相同的角是（   ）.

    A. $1832°$ B. $862°$

    C. $1572°$ D. $267°$

5. 下列命题中正确的是（   ）.

    A. 终边相同的角一定相等   B. 相等的角终边一定相同

    C. 第一象限的角都是锐角   D. 小于 $90°$ 的角都是锐角

6. 已知 $\cos\alpha = \dfrac{2\sqrt{5}}{5}$，则角 α 所在的象限是（   ）.

    A. 第一象限   B. 第一、四象限

    C. 第一、二象限   D. 第三、四象限

7*. 若 $-\dfrac{\pi}{2} < \theta < 0$，则点 $P(\cos\theta, \sin\theta)$ 必在（   ）.

    A. 第一象限   B. 第二象限

    C. 第三象限   D. 第四象限

8. 若 $-\dfrac{\pi}{2} < \alpha < 0$，则（   ）.

    A. $\cos\alpha > 0$ B. $\sin\alpha > 0$

    C. $\cos\alpha < 0$ D. $\tan\alpha > 0$

9. 化简：$(1 - \sin\alpha)(1 + \sin\alpha) = ($)

    A. $\sin^2\alpha$ B. $\cos^2\alpha$

    C. $\sin^2\alpha$ D. $\cos2\alpha$

10. 若角的终边经过点 $P(0, -2)$，则角 α 是（   ）.

    A. 第三象限   B. 第四象限

    C. 第三或第四象限   D. 不属于任何象限

11. 化简 $\sqrt{1-\sin^2 130°}$ 的结果是（　　）.

    A. $\cos 130°$ B. $-\cos 130°$

    C. $\pm\cos 130°$ D. 以上结果都不对

二、判断题

1. 平面上的角分成正角、负角两大类.   （　　）

2. 小于 $90°$ 的角叫做锐角.   （　　）

3. $\sin 60° = \dfrac{1}{2}$.   （　　）

4. 角 $5\pi + \dfrac{\pi}{3}$ 是第一象限角.   （　　）

5. $\sin 227° + \cos 227° = 1$.   （　　）

6. 若 α 是第四象限的角，则 $\cos\alpha < 0$.   （　　）

7. 若角 α 是第一象限的角，则角 2α 必是第二象限的角.   （　　）

8. 第二象限角大于第一象限角.   （　　）

9. $\sin^2\dfrac{1}{2} + \cos^2\dfrac{1}{2} = \dfrac{1}{2}$ （　　）

10. π 弧度 $= 180°$ （　　）

三、填空题

1. 与角 $\dfrac{2\pi}{3}$ 终边相同的角的集合是_____.

2. 终边在 y 轴正半轴上的角的集合是_____.

3. 若 α 是第二象限的角，则 $\cos\alpha$ _____ 0.

4. $\tan 30° =$ _____, $\cos\dfrac{3\pi}{4} =$ _____.

5. 用"$>$"或"$<$"填空.

(1) $\sin 130°$ _____ 0   (2) $\cos 13°$ _____ 0

(3) $\sin 46°$ _____ 0   (4) $\sin 105°\sin\dfrac{11\pi}{12}$ _____ 0

(5) $\cos\dfrac{8\pi}{7}\tan\dfrac{10\pi}{7}$ _____ 0

6. 若 $\sin\alpha \cdot \tan\alpha < 0$，则 α 的终边在第_____象限.

7*. 将下列各角化成 $2k\pi + \alpha$（$k \in Z$，且 $0 \le \alpha < 2\pi$）的形式：

(1) $\dfrac{7\pi}{2} =$ _____   (2) $\dfrac{21\pi}{3} =$ _____

四、计算题

1. $\sin\dfrac{1}{3}\pi - \cos\dfrac{\pi}{6}$

2. $\sin\dfrac{\pi}{6} - \cos\dfrac{\pi}{3} + \cos\pi - \sin\dfrac{3\pi}{2}$

3. $\sin\dfrac{\pi}{4}\cos\dfrac{\pi}{3} + \cos\pi\tan\dfrac{\pi}{6}$

4. $\dfrac{6\sin 90° - 2\cos 180° - \tan 180°}{5\cos 270° - 5\sin 270° - 3\tan 0° + 5\cos 90°}$

五、解答题

1. 已知角 α 的终边经过点 P（1，2），求角 α 的 $\sin\alpha$、$\cos\alpha$、$\tan\alpha$ 的值.

2. 如图 5 – 10 所示，在山顶铁塔上 B 处，测得地面上的一点 A 的俯角 $\alpha = 60°$，在塔底 C 处测得 A 的俯角 $\beta = 45°$，已知铁塔 BC 部分高 20 米，求山高 CD（精确到 1 米）.

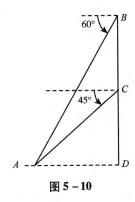

图 5 – 10

三角函数符号的由来

sine（正弦）一词始于阿拉伯人雷基奥蒙坦。他是 15 世纪西欧数学界的领导人物，他于 1464 年完成的著作《论各种三角形》，1533 年开始发行，这是一本纯三角学的书，使三角学脱离天文学，独立成为一门数学分科。

cosine（余弦）及 cotangent（余切）为英国人根日尔首先使用，最早在 1620 年伦敦出版的他所著的《炮兵测量学》中出现。

secant（正割）及 tangent（正切）为丹麦数学家托马斯·芬克首创，最早见于他的《圆几何学》一书中。

cosecant（余割）一词为锐梯卡斯所创。最早见于他 1596 年出版的《宫廷乐章》一书。

1626 年，阿贝尔特·格洛德最早推出简写的三角符号："sin"、"tan"、"sec"。1675 年，英国人奥屈特最早推出余下的简写三角符号："cos"、"cot"、"csc"。但直到 1748 年，经过数学家欧拉的引用后，才逐渐通用起来。

1949 年至今，由于受苏联教材的影响，我国数学书籍中"cot"改为"ctg"；"tan"改为"tg"，其余四个符号均未变。这就是为什么我国市场上流行的进口函数计算器上有"tan"而无"tg"按键的缘故。

资料来源：人民教育出版社，http：//www．pep．com．cn．

第6章 平面解析几何及其应用

解析几何是用代数方法研究几何问题的数学学科. 解析几何的产生, 开创了数形结合的研究方法. 我们可用代数方程表示图形, 并通过代数方程来研究几何图形的性质. 另一个问题是线性规划, 线性规划简单地说就是运用数学模型解决实际的工作问题, 比如你手中有资金 1000 万元, 可能会去投资办工厂生产甲、乙两种产品, 也可能会去投资股票市场、基金市场, 后者比前者风险会大些, 但投资收益会快些. 假设你已经知道办工厂生产的成本, 那么怎样做才能尽可能获得较大的利润及尽可能降低风险?

本章我们主要学习的内容有平面直角坐标系、距离公式和中点公式、直线方程的有关概念、直线与直线的位置关系、二元一次不等式及二元一次不等式组的解集在直角坐标平面内所表示的区域, 以此为基础会求一些简单线性规划问题的数学模型, 会用线性规划的图解法解决简单的实际问题.

§6.1 平面直角坐标系

6.1.1 平面直角坐标系概述

学习目标:
（1）正确理解平面直角坐标系的基本概念；（2）会用有序实数对表示平面内的点；（3）初步理解数形结合的思想方法.

1. 平面直角坐标系的概念

我们学过利用数轴来研究一些数量关系的问题, 在实际生活中, 我们还会遇到利用平面图形研究数量关系的问题. 如要确定一个同学的座位, 可以用第几行第几列的位置来表示, 可见, 平面内点的位置可以用一对实数来表示.

为了用一对实数来表示平面内的点, 在平面内画两条具有公共原点且互相垂直的数轴, 就构成了**平面直角坐标系**. 水平的数轴叫做 **x 轴或横轴**, 取向右为正方向；竖直的数轴叫做 **y 轴或纵轴**, 取向上为正方向. 两轴交点 O 为原点. 这个平面叫做**坐标平面**.

x 轴和 y 轴把坐标平面分为四个象限. 右上角为第一象限, 按逆时针方向依次为第二象限、第三象限和第四象限. 规定坐标轴上的点不在任何象限, 见图 6-1.

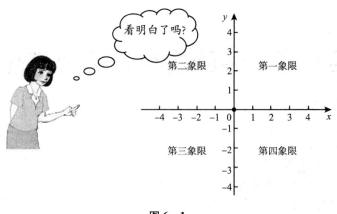

图 6-1

2. 平面内的点与有序实数对的对应

在平面内建立了直角坐标系，平面内的点和有序实数对（x，y）之间就建立了一一对应的关系．即：坐标平面内任意一点 P，有唯一的一对有序实数（x，y）和它对应，其中 x，y 分别是点 P 的**横坐标和纵坐标**；反之，对于任何一对有序实数（x，y），在平面内都有唯一确定的点和它对应，这个点的横坐标和纵坐标分别是 x 和 y．

如图 6-2 中的直角坐标系，由点 A 向 x 轴作垂线，垂足在 x 轴上的坐标是 4，由点 A 向 y 轴作垂线，垂足在 y 轴上的坐标是 2，记作 A（4，2）．同理，点 B 的坐标记作 B（-2，3），点 C 的坐标记作 C（0，-3）．

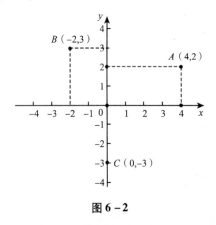

图 6-2

想一想

练习6.1.1

练一练

1. 数轴具有 _____、_____、_____ 三要素.

2. 画出下列各点在坐标系中所处的位置：
（1）A（-2，8）　　（2）B（3，0）
（3）C（-1，-6）　　（4）D（0，0）

3. 写出图 6-3 中点 A、B、C、D 的坐标，并说明

财经应用数学基础模块

A，B，C，D 分别在什么位置？

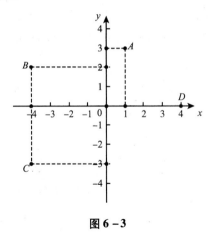

图 6-3

4. 在平面直角坐标系中，描出下列各点：A $(3, 4)$、B $(-2, 3)$、C $(-4, -2)$、D $(3, -2)$，并指出各点所在的象限．

5. 若点 A $(2, 1-a)$ 在第四象限，则 a 的取值范围是_____．

6. 若点 A $(3k-1, 2k+3)$ 在 x 轴上，求 A 点的坐标．

7. 若 A $(a-2, 3)$ 和 B $(-1, 2b+2)$ 关于原点对称，求 a 与 b 的值．

8. 已知点 P_1 $(3a-2, 2)$ 和 P_2 $(4, 2b-3)$ 关于 x 轴对称，试求 a 与 b 的值．

6.1.2　距离公式和中点公式

学习目标：
（1）会求平面内任意两点间的距离；（2）会运用线段中点坐标公式求解相关问题．

1. 平面内任意两点间的距离公式

如图 6-4 所示，若点 P_1 (x_1, y_1) 与点 P_2 (x_2, y_2) 是平面内任意两点．根据勾股定理：
$$|P_1P_2|^2 = |P_1P|^2 + |P_2P|^2$$
$$= (x_2 - x_1)^2 + (y_2 - y_1)^2$$

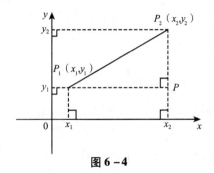

图 6-4

则 P_1 和 P_2 间的距离公式是：

$$|P_1P_2| = \sqrt{(x_2 - x_1)^2 + (y_2 - y_1)^2}$$

例 6 - 1 求 P_1（-3，4）和 P_2（5，1）两点间的距离.

解： $|P_1P_2| = \sqrt{[5-(-3)]^2 + (1-4)^2} = \sqrt{73}$

例 6 - 2 已知 $\triangle ABC$ 的三个顶点分别为 A（1，-1）、B（-1，1）、C（$-\sqrt{3}$，$-\sqrt{3}$），证明 $\triangle ABC$ 为等边三角形.

证明：

$$
\begin{aligned}
|AB| &= \sqrt{(1+1)^2 + (-1-1)^2} \\
&= \sqrt{2^2 + 2^2} \\
&= 2\sqrt{2}
\end{aligned}
\qquad
\begin{aligned}
|AC| &= \sqrt{(1+\sqrt{3})^2 + (-1+\sqrt{3})^2} \\
&= \sqrt{1+2\sqrt{3}+3+1-2\sqrt{3}+3} \\
&= 2\sqrt{2}
\end{aligned}
$$

$$
\begin{aligned}
|BC| &= \sqrt{(-1+\sqrt{3})^2 + (1+\sqrt{3})^2} \\
&= \sqrt{1-2\sqrt{3}+3+1+2\sqrt{3}+3} \\
&= 2\sqrt{2}
\end{aligned}
$$

$\therefore |AB| = |AC| = |BC|$

故 $\triangle ABC$ 为等边三角形.

同学们，在应用公式时要特别小心处理数字的正负号.

2. 线段中点坐标公式

连接任意两点 P_1（x_1，y_1）与 P_2（x_2，y_2），则线段 P_1P_2 的中点 P（x，y）坐标公式为：

$$x = \frac{x_1 + x_2}{2}, \ y = \frac{y_1 + y_2}{2}$$

例 6 - 3 求 P_1（3，1）和 P_2（2，-7）两点所确定的线段中点 P 的坐标.

解： 设点 P 的坐标是（x，y），由线段中点坐标公式，得：

$$x = \frac{3+2}{2} = \frac{5}{2}, \ y = \frac{1+(-7)}{2} = -3.$$

所以线段 P_1P_2 的中点 P 的坐标为（$\frac{5}{2}$，-3）

例 6 - 4 已知 $\triangle ABC$ 的顶点为 A（2，-3）、B（4，0）、C（-2，-4），试求各边的中点的坐标.

解： 设 AB 边的中点坐标为（x，y），由线段中点坐标公式，得：

$$x = \frac{2+4}{2} = 3 \ , \ y = \frac{-3+0}{2} = -\frac{3}{2}$$

所以 AB 边的中点坐标为 $(3, \ -\frac{3}{2})$

同理，可得：AC 边的中点坐标为 $(0, \ -\frac{7}{2})$，BC 边的中点坐标为 $(1, \ -2)$

---

1. 求下列两点间的距离：

(1) $P_1 \ (-4, \ 3)$ 和 $P_2 \ (-4, \ 0)$

(2) $P_1 \ (-4, \ 3)$ 和 $P_2 \ (0, \ 3)$

(3) $P_1 \ (-4, \ 3)$ 和 $P_2 \ (0, \ 0)$

(4) $P_1 \ (-4, \ 3)$ 和 $P_2 \ (1, \ 5)$

2. 求下列两点所确定的线段中点 P 的坐标：

(1) $P_1 \ (-4, \ 3)$ 和 $P_2 \ (2, \ 1)$

(2) $P_1 \ (-\frac{8}{3}, \ \frac{1}{4})$ 和 $P_2 \ (\frac{2}{3}, \ -\frac{1}{4})$

(3) $P_1 \ (3, \ \frac{1}{2})$ 和 $P_2 \ (\frac{1}{3}, \ -2)$ (4) $P_1 \ (2, \ \frac{1}{5})$ 和 $P_2 \ (\frac{1}{4}, \ -\frac{2}{5})$

3. 已知 $\triangle ABC$ 的顶点为 $A \ (1, \ -2)$、$B \ (3, \ 2)$、$C \ (-5, \ -3)$，试求各边的中点的坐标．

4. 已知 $A \ (-2, \ y)$，$B \ (x, \ 4)$，线段 AB 的中点为 $C \ (2, \ -3)$，求 x，y 的值．

5. 线段 MN 的中点为 $C \ (0, \ -1)$，其中 $M \ (6, \ -4)$，求另一端点 N 的坐标．

6. 已知点 $P \ (-2, \ 2)$，$Q \ (4, \ 0)$，则求 P，Q 两点的对称中心的坐标．

7. 在 $\triangle ABC$ 中，三个顶点坐标分别是 $A \ (-1, \ 1)$，$B \ (3, \ -1)$，$C \ (-5, \ -3)$．求：

(1) 三角形三边的长度；(2) 中线 AD 的长度．

1. 在平面直角坐标系中，描出下列各点：$A \ (2, \ 1)$、$B \ (-4, \ 3)$、$C \ (3, \ -2)$、$D \ (-4, \ -3)$、$E \ (0, \ -1)$、$F \ (6, \ 0)$，并指出各点所在的象限．

2. 已知点 $A \ (3, \ -5)$ 和点 $B \ (1, \ -2)$，求线段 AB 的长度．

3. 已知点 $A \ (3, \ 4)$ 和点 $B \ (-3, \ -2)$，则线段 AB 中点的坐标是多少？

4. 点 $A \ (-3, \ 4)$ 与点 $B \ (2, \ -4)$ 关于点 P 对称，求点 P 的坐标．

5. 已知点 $A \ (1, \ 5)$ 和点 $B \ (-3, \ y)$ 两点间的距离为 5，求点 B 的纵坐标 y 的值．

6. 已知点 $A \ (x, \ 5)$ 和点 $B \ (0, \ -10)$ 两点间的距离为 17，求点 A 的横坐标 x 的值．

7. 已知点 $Q \ (2, \ 2)$ 是连接点 $M \ (x, \ 5)$ 和点 $N \ (-2, \ y)$ 的线段中点，求 x 和 y 的值．

8. 已知线段 AB 的中点坐标是 $(4, \ -2)$，其中一个端点是 $A \ (-2, \ 3)$，求另一个端点 B 的坐标．

9. 已知一个三角形的三个顶点分别为 $A \ (4, \ 3)$、$B \ (1, \ -1)$、$C \ (-3, \ 0)$，求 AB 边上中线的长度．

10. 求证：顶点为 $A \ (-3, \ -2)$、$B \ (1, \ 4)$、$C \ (-5, \ 0)$ 的三角形是等腰三角形．

11. 在 y 轴上求一点 P，使点 P 到点 $A \ (3, \ 2)$ 的距离等于 5.

12. 在 x 轴上找一点 P，使点 P 到点 $A \ (-2, \ 6)$，点 $B \ (7, \ 9)$ 的距离相等．

§6.2　直线方程

6.2.1　直线的斜率和截距

学习目标：
（1）理解倾斜角与斜率的概念；（2）会利用直线的倾斜角求直线的斜率；
（3）会根据直线上两点的坐标求直线的斜率；（4）理解 x、y 轴上的截距的概念.

1. 直线的斜率

一条直线 l 向上的方向与 x 轴正方向所成的最小正角 α，叫做直线 l 的**倾斜角**，如图 6-5 所示．当直线 l 与 x 轴平行或重合时，规定它的倾斜角 α 等于 0.

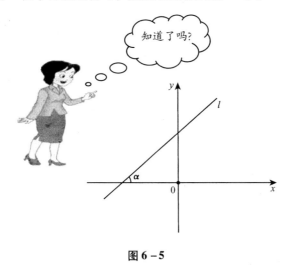

图 6-5

由倾斜角的定义，易知倾斜角的取值范围是 $0 \leqslant \alpha < \pi$.

当 $\alpha \neq \dfrac{\pi}{2}$ 时，直线 l 的倾斜角的正切值，称做直线 l 的斜率，通常用 k 来表示.

即 $k = \tan\alpha$ $\left(\alpha \neq \dfrac{\pi}{2}\right)$

当 $\alpha = \dfrac{\pi}{2}$ 时，直线斜率不存在.

2. 直线的截距

直线与 x 轴交点的横坐标 a 叫做该直线在 **x 轴上的截距**，即**横截距**（见图 6-6）.
直线与 y 轴交点的纵坐标 b 叫做该直线在 **y 轴上的截距**，即**纵截距**（见图 6-6）.

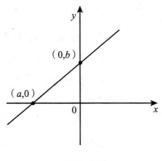

图 6 - 6

例 6 - 5 已知直线 l 的倾斜角是 $60°$，求直线的斜率 k.

解： 根据斜率的定义，直线的斜率 $k = \tan 60° = \sqrt{3}$.

例 6 - 6 求直线 l：$4x - 3y - 12 = 0$ 在 x，y 轴上的截距，并画出直线.

解： 在已知直线方程中，令 $y = 0$，得 $x = 3$；令 $x = 0$，得 $y = -4$. 所以 l 在 x 轴上的截距为 3，在 y 轴上的截距为 -4.

直线 l 与 x 轴、y 轴的交点分别为 A（3，0）和 B（0，-4），过 A，B 作直线，就是直线 l（见图 6 - 7）.

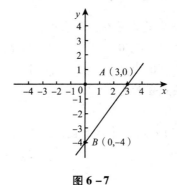

图 6 - 7

如果在直线 l 上已知两点 P_1（x_1，y_1）与 P_2（x_2，y_2），则直线 l 的斜率：

$$k = \frac{y_2 - y_1}{x_2 - x_1} \quad (x_2 - x_1 \neq 0)$$

例 6 - 7 求经过 P_1（-2，0）和 P_2（-5，3）两点的直线斜率 k.

解： 根据公式，经过两个点的直线斜率为 $k = \dfrac{y_2 - y_1}{x_2 - x_1}$

因此 $k = \dfrac{3 - 0}{-5 - (-2)} = -1$

1. 下列说法正确的是（　　）.

    A. 每一条直线都有倾斜角

    B. 每一条直线都有斜率

    C. 直线倾斜角的范围是 $[0, \pi]$

    D. 直线平行于 y 轴时，倾斜角不存在

2. 已知直线与 x 轴垂直，则直线的斜率 $k =$（　　）.

    A. 1   B. 0   C. 90°

    D. 不存在

3. 若直线斜率不存在，那么直线与 y 轴（　　）.

    A. 平行   B. 垂直   C. 重合   D. 平行或重合

4. 若直线 l 上有两点 A (2, 3)，B (−1, 3)，则直线 l 与 x 轴（　　）.

    A. 平行   B. 垂直   C. 相交   D. 重合

5. 已知直线的倾斜角 α，求直线的斜率：

    （1）$\alpha = 0°$ （2）$\alpha = 30°$ （3）$\alpha = 45°$ （4）$\alpha = 60°$

    （5）$\alpha = \dfrac{2}{3}\pi$ （6）$\alpha = \dfrac{3}{4}\pi$ （7）$\alpha = \dfrac{5}{6}\pi$ （8）$\alpha = \dfrac{\pi}{2}$

6. 经过下列两点的直线的斜率是否存在，如果存在，求其斜率：

    （1）P_1 (−4, 3) 和 P_2 (−4, 0)   （2）P_1 (−4, 3) 和 P_2 (0, 3)

    （3）P_1 (−4, 3) 和 P_2 (0, 0)   （4）P_1 (−4, 3) 和 P_2 (1, 5)

7. 已知三角形 ABC 的三个顶点分别是 A (2, 3)，B (−3, 2)，C (−2, −1)，求三条边所在直线的斜率.

8. 求下列直线在 x，y 轴上的截距，并画出直线：

    （1）直线 l: $x + y − 1 = 0$ （2）直线 l: $2x − y + 4 = 0$

6.2.2 　直线方程的几种形式

学习目标：

（1）会根据直线上一点的坐标和直线的斜率求直线的点斜式方程；

（2）会根据直线在 y 轴截距和直线的斜率求直线的斜截式方程；

（3）会将直线的点斜式或斜截式方程化成直线的一般式方程；

（4）会根据直线的一般式方程求直线的斜率和截距.

1. 直线的点斜式方程

由直线上一点 P_0 (x_0, y_0) 和斜率 k 所确定的直线方程（见图 6−8），叫做**直线的点斜式方程**.

$$y - y_0 = k (x - x_0)$$

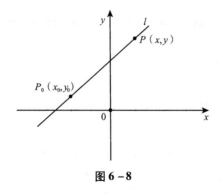

图 6 - 8

例 6 - 8 已知直线过点（2，1），斜率为 $-\dfrac{1}{2}$，求直线的点斜式方程.

解：直线过点（2，1），斜率 $k = -\dfrac{1}{2}$. 由直线的点斜式方程，得：$y - 1 = -\dfrac{1}{2}(x - 2)$

即所求直线的点斜式方程为：$y - 1 = -\dfrac{1}{2}(x - 2)$.

例 6 - 9 已知直线过点（2，5），倾斜角为 135°，求直线的点斜式方程.

解：直线过点（2，5），倾斜角为 135°，因此可求斜率 $k = \tan 135° = -1$.

由直线的点斜式方程 $y - y_0 = k(x - x_0)$，得 $y - 5 = -1(x - 2)$

即所求直线的点斜式方程为：$y - 5 = -(x - 2)$

2. 直线的斜截式方程

由直线的斜率 k 和 y 轴上的截距 b 所确定的直线方程（见图 6 - 9），叫做**直线的斜截式方程**.

$$y = kx + b$$

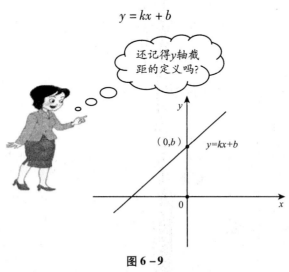

图 6 - 9

例 6 - 10 已知直线的斜率为 $\dfrac{1}{3}$，y 轴上的截距为 -2，求直线的斜截式方程.

解：直线的斜率 $k = \dfrac{1}{3}$，y 轴上的截距 $b = -2$。由直线的斜截式方程，得 $y = \dfrac{1}{3}x - 2$

即所求直线的斜截式方程为：$y = \dfrac{1}{3}x - 2$

3. 直线的一般式方程

我们把形如 $Ax + By + C = 0$（A，B 不全为零）的二元一次方程叫做**直线的一般式方程**。

例 6－11　把下列直线方程化为直线的一般式方程：

（1）直线 l_1 的方程：$y - 2 = -\dfrac{1}{2}(x - 1)$

（2）直线 l_2 的方程：$y = \dfrac{1}{3}x - 2$

解：（1）$y - 2 = -\dfrac{1}{2}(x - 1) \Leftrightarrow 2y - 4 = -x + 1 \Leftrightarrow x + 2y - 5 = 0$

所求直线 l_1 的一般式方程为：$x + 2y - 5 = 0$

（2）$y = \dfrac{1}{3}x - 2 \Leftrightarrow 3y = x - 6 \Leftrightarrow x - 3y - 6 = 0$

所求直线 l_2 的一般式方程为：$x - 3y - 6 = 0$

例 6－12　求过点 $(0，1)$，斜率为 $-\dfrac{1}{2}$ 的直线的一般式方程。

解：直线过点 $(0，1)$，表明直线在 y 轴上的截距 $b = 1$，直线的斜率为 $k = -\dfrac{1}{2}$

由直线的斜截式方程，得 $y = -\dfrac{1}{2}x + 1$

整理，得直线的一般式方程：$x + 2y - 2 = 0$

例 6－13　求直线：$x + 2y + 6 = 0$ 的斜率和在 y 轴上的截距。

解：由方程 $x + 2y + 6 = 0$ 解出 y，得此直线的斜截式：$y = -\dfrac{1}{2}x - 3$

$\therefore$ 所求的斜率是 $-\dfrac{1}{2}$，在 y 轴上的截距是 -3

想一想

练习6.2.2

练一练

1. 已知直线 l 在 y 轴上的截距是 3，则 l 与 y 轴的交点坐标为（　　）。

    A. $(3，0)$　　　　B. $(0，3)$

    C. $(-3，0)$　　　D. $(0，-3)$

2. 已知直线的点斜式方程为 $y + 2 = -\sqrt{3}(x - 1)$，则直线一定过点（　　）。

    A. $(1，2)$　　　　B. $(2，1)$

C. $(1，-2)$　　　D. $(-2，1)$

3. 已知直线的点斜式方程为 $y-2=\sqrt{3}\ (x+1)$，则直线的倾斜角为 _____.

4. 求满足下列条件的直线方程，并把它化为直线的一般式方程.

  （1）过坐标原点，斜率为 -2 （2）过点 $(1,4)$，斜率为 $-\dfrac{1}{2}$

  （3）斜率为 5，在 y 轴上的截距是 -2 （4）斜率为 $-\dfrac{1}{3}$，在 y 轴上的截距是 1

  （5）倾斜角为 $60°$，且过点 $B\ (-1,2)$ （6）倾斜角为 $150°$，在 y 轴上截距为 3

  （7）倾斜角是 $120°$，在 y 轴上的截距是 5 （8）过点 $(0,3)$，斜率为 -1

5. 求下列直线的斜率和在 y 轴上的截距：

（1）$y=-3x+5$ （2）$x-y-5=0$

（3）$y+2=-\dfrac{1}{2}\ (x-1)$ （4）$\dfrac{x}{2}-\dfrac{y}{3}=0$

6. 已知直线过点 $A\ (-1,3)$，$B\ (2,6)$，求：（1）直线的斜率；（2）直线的点斜式方程；（3）直线的一般式方程；（4）直线在 y 轴上的截距.

---

1. 经过下列两点的直线中，斜率不存在的是（ ）.

  A. $(1,-1)$，$(-3,2)$ B. $(1,-2)$，$(5,-2)$

  C. $(3,4)$，$(3,-1)$ D. $(3,0)$，$(0,2)$

习题6.2

2. 已知直线 $y-4=k\ (x-3)$ 过点 $(-1,-2)$，则 k 的值为（ ）.

  A. $\dfrac{3}{2}$ B. $\dfrac{2}{3}$ C. $-\dfrac{3}{2}$ D. $-\dfrac{2}{3}$

3. 直线 $x-y+2=0$ 的倾斜角是（ ）.

  A. $30°$ B. $45°$ C. $60°$ D. $135°$

4. 过点 $P\ (2,5)$，倾斜角为 $45°$ 的直线方程为（ ）.

  A. $x-y+3=0$ B. $x-y-7=0$ C. $x+y-7=0$ D. $x+y+7=0$

5. 已知直线 $3x-5y+1=0$，则直线的斜率为（ ）.

  A. $\dfrac{5}{3}$ B. $\dfrac{3}{5}$ C. $\dfrac{1}{3}$ D. $-\dfrac{1}{5}$

6. 求下列直线的斜率：

  （1）$x+y-5=0$ （2）$x-y+1=0$ （3）$x+4y-3=0$ （4）$x-5=0$

  （5）$y+3=0$

7. 求下列直线在 x 轴和 y 轴上的截距，并画图：

  （1）$2x-3y+4=0$ （2）$5x+3y=15$ （3）$y=\dfrac{1}{2}x$ （4）$\dfrac{x}{4}+\dfrac{y}{5}=1$

8. 求满足下列条件的直线方程并化为一般方程.

  （1）过点 $(-1,-2)$ 和 $(3,5)$ （2）斜率是 $-\dfrac{1}{2}$，经过点 $(8,-2)$

  （3）过点 $(2,3)$，倾斜角为 $150°$

9. 求满足下列条件的直线方程并化为一般方程.

  （1）过点 $(1,4)$，平行于 x 轴   （2）过点 $(-2,1)$，平行于 y 轴

§6.3 二元一次不等式（组）与平面区域

6.3.1 二元一次不等式表示的平面区域

学习目标：

会用阴影表示二元一次不等式在直角坐标系内所表示的平面区域.

在平面解析几何中，我们学习过方程 $x+y-1=0$ 表示平面内的一条直线，所以方程 $x+y-1=0$ 称为直线方程，见图 6-10.

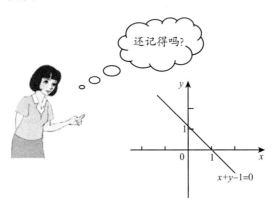

图 6-10

由于直线可以向两个方向无限延伸，所以一条直线把整个平面分成了两个区域：习惯上，（1）当 $0°≤a≤45°$ 或 $135°≤a<180°$（$-1≤k≤1$）时，直线将平面区域分为上、下半平面区域；（2）当 $45°<a<135°$（$k<-1$ 或 $k>1$）时，直线将平面区域分为左、右半平面区域.

如果在平面内任选一点 $P_0(2,1)$ 代入直线方程 $x+y-1=0$，得到 $2+1-1=2>0$，则 $P_0(2,1)$ 在直线 $x+y-1=0$ 的上半平面区域内. 这时候 $P_0(2,1)$ 所在的整个上半平面区域的点 $P_0(x_0,y_0)$ 都能使 $x+y-1>0$. 这样，称不等式 $x+y-1>0$ 表示了直线 $x+y-1=0$ 的上半平面区域，见图 6-11.

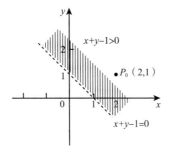

图 6-11

而称 $x+y-1<0$ 表示了直线 $x+y-1=0$ 的下半平面区域，见图 $6-12$.

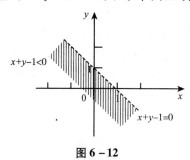

图 $6-12$

对于平面内任意一点 $P_0\left(x_0, y_0\right)$ 把它的坐标代入到代数式 $x+y-1$ 中，都必有三种的结果之一：等于 0；大于 0；小于 0. 当 $P_0\left(x_0, y_0\right)$ 使方程 $x+y-1=0$ 时，则 $P_0\left(x_0, y_0\right)$ 在直线上；当 $P_0\left(x_0, y_0\right)$ 使 $x+y-1>0$ 时，$P_0\left(x_0, y_0\right)$ 在直线 $x+y-1>0$ 的一侧区域；当 $P_0\left(x_0, y_0\right)$ 使 $x+y-1<0$ 时，$P_0\left(x_0, y_0\right)$ 在直线 $x+y-1<0$ 的一侧区域.

例 6 - 14 试用阴影画出不等式 $2x-y-3>0$ 表示的半平面区域.

解： 在直角坐标平面上画直线：$2x-y-3=0$. 取原点 $(0, 0)$ 代入 $2x-y-3$ 中得：$0-0-3<0$，即知原点 $(0, 0)$ 在直线 $2x-y-3=0$ 的左半平面区域，此区域为 $2x-y-3<0$；而 $2x-y-3>0$ 在另一侧区域，如图 $6-13$ 阴影所示.

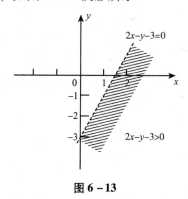

图 $6-13$

例 6 - 15 试用阴影画出不等式 $x+2y-2\leqslant0$ 所表示的平面区域.

解： 在直角坐标平面上画直线：$x+2y-2=0$. 取原点 $(0, 0)$ 代入到式子 $x+2y-2$ 中，得 $-2<0$. 即知原点 $(0, 0)$ 在直线 $x+2y-2=0$ 的下半平面区域，此区域为 $x+2y-2<0$. 故 $x+2y-2\leqslant0$ 所在的区域（包括直线 $x+2y-2=0$），见图 $6-14$.

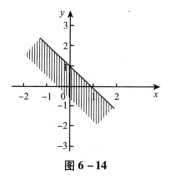

图 $6-14$

注意：在取点代入不等式时，应尽量选取计算简单的点，如原点（0，0），（1，0）等.

例6-16 用阴影画出不等式 $x > 0$ 表示的半平面区域.

解：先画出直线 $x = 0$（即 y 轴），然后任取一点，不妨取点（1，0）代入到式 x 中得，说明适合原不等式，而点（1，0）位于 y 轴右侧，则不等式 $x > 0$ 表示的平面区域是 y 轴右半平面区域（不包括 y 轴），如图6-15所示.

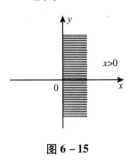

图6-15

1. 用阴影画出下列不等式表示的半平面区域：

   （1）$x < 0$　　　（2）$y < 0$　　　（3）$y \geqslant 0$

   （4）$x \geqslant 0$

2. 用阴影画出下列不等式表示的半平面区域：

   （1）$x - 2y + 3 < 0$　　　（2）$2x - y - 3 > 0$

3. 用阴影画出下列不等式表示的半平面区域：

（1）$x - 2y + 3 \leqslant 0$　　　（2）$2x - y - 3 \geqslant 0$

6.3.2　二元一次不等式组表示的平面区域

学习目标：

会用阴影表示由二元一次不等式组所表示的平面区域.

我们已经知道，如二元一次不等式 $x + y - 3 < 0$ 表示半平面区域，见图6-16.

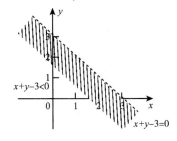

图6-16

　　　　　　　　　　　　　　　　　　　　　　财经应用数学基础模块

现在我们来表示由二元一次不等式组所表示的平面区域.

例 6 – 17　用阴影画出不等式组 $\begin{cases} x > 0 \\ y > 0 \end{cases}$ 表示的平面区域.

解： 因为 $x > 0$ 表示了 y 轴的右半平面区域，$y > 0$ 表示了 x 轴上半平面区域. 所以，不等式组表示的区域就是这两个区域的公共部分（不包括 x 轴的正半轴和 y 轴的正半轴），见图 6 – 17.

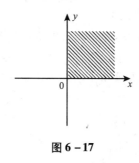

图 6 – 17

例 6 – 18　用阴影画出不等式组 $\begin{cases} x \geqslant 0 \\ y \geqslant 0 \end{cases}$ 表示的平面区域.

解： 因为 $x \geqslant 0$ 表示了 y 轴及 y 轴的右半平面区域，$y \geqslant 0$ 表示了 x 轴及 x 轴上半平面区域. 所以，不等式组表示的区域就是这两个区域的公共部分（包括 x 轴的正半轴和 y 轴的正半轴），见图 6 – 18.

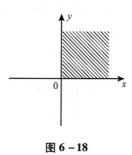

图 6 – 18

例 6 – 19　用阴影画出不等式组 $\begin{cases} x + y - 3 < 0 \\ x > 0 \\ y > 0 \end{cases}$ 表示的平面区域.

解： 不等式 $x + y - 3 < 0$ 表示了直线 $x + y - 3 = 0$ 的下半平面区域；$x > 0$ 表示了 y 轴的右半平面区域；$y > 0$ 表示了 x 轴的上半平面区域. 所以，不等式组表示的区域就是这几个区域的公共部分（不包括 x 轴和 y 轴上的部分），见图 6 – 19.

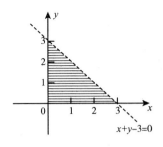

图 6 - 19

例 6 - 20 画出下列不等式组 $\begin{cases} x+y-2\geqslant 0 \\ x+2y-4\leqslant 0 \\ y\geqslant 0 \end{cases}$ 表示的平面区域.

解：不等式 $x+y-2\geqslant 0$ 表示直线 $x+y-2=0$ 及直线的上半平面区域；不等式 $x+2y-4\leqslant 0$ 表示直线 $x+2y-4=0$ 及直线的下半平面区域；不等式 $y\geqslant 0$ 表示 x 轴及 x 轴的上半平面区域. 以上三个半平面区域的公共部分就是不等式组所表示的平面区域. 如图 6 - 20 所表示的阴影部分（三角形）.

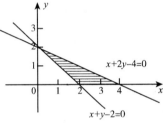

图 6 - 20

想一想

练习 6.3.2

练一练

1. 用阴影画出下列不等式组表示的平面区域：

(1) $\begin{cases} y<0 \\ x>0 \end{cases}$ (2) $\begin{cases} y>0 \\ x<0 \end{cases}$

(3)* $\begin{cases} x\leqslant 0 \\ y\leqslant 0 \end{cases}$ (4)* $\begin{cases} x\geqslant 0 \\ y\leqslant 0 \end{cases}$

2. 画出下列不等式组表示的平面区域：

(1) $\begin{cases} x+2y-2<0 \\ y>0 \\ x>0 \end{cases}$ (2) $\begin{cases} x+y+1>0 \\ x<0 \\ y>0 \end{cases}$

3. 画出下列不等式组表示的平面区域：

(1) $\begin{cases} x-y-1\leqslant 0 \\ x+2y+2\geqslant 0 \\ y\leqslant 0 \end{cases}$ (2) $\begin{cases} x-y-2\leqslant 0 \\ x+2y-6\leqslant 0 \\ x\geqslant 0 \end{cases}$

     财经应用数学基础模块

1. 用阴影画出下列不等式表示的半平面区域：

(1) $x + y < 0$　　　　　　　(2) $x + 2y - 4 < 0$

(3) $x > 2$　　　　　　　　　(4) $x - y > 0$

(5) $y < 0$　　　　　　　　　(6) $3x - 4y - 12 < 0$

2. 用阴影画出下列不等式表示的平面区域：

(1) $y > x$　　　　　　　　　(2) $y < x - 2$　　　　　　　(3) $3x - 5y > 15$

3. 画出下列不等式组表示的平面区域：

(1) $\begin{cases} 2x + y - 6 < 0 \\ y > 0 \\ x > 0 \end{cases}$　　　　(2) $\begin{cases} x - 2y + 4 > 0 \\ x < 0 \\ y > 0 \end{cases}$

4*. 画出下列不等式组表示的平面区域：

(1) $\begin{cases} x - y - 2 \geqslant 0 \\ x + 2y + 2 \leqslant 0 \\ x \leqslant 0 \end{cases}$　　　　(2) $\begin{cases} x - y - 1 \leqslant 0 \\ x + 2y - 6 \geqslant 0 \\ x \geqslant 0 \end{cases}$

§6.4　平面解析几何的应用

6.4.1　线性规划的基本概念

学习目标：

（1）理解线性规划的基本概念；

（2）会建立一些简单线性规划实际问题的数学模型．

　　线性规划问题是用来解决经济管理中最优化问题的一种数学方法，它所研究的问题大致可分为两类：一类是给定了一定数量的人力、物力、财力．如何应用这些资源获得最大的经济效益，即求最大值的问题；另一类是给定了一项任务，如何统筹安排，力求用最少的人力、物力去完成它，即求最小值的问题，我们先来讨论下面的一个数学问题．

　　设函数：

$$f = 3x + 2y \tag{1}$$

其中 x，y 满足下列条件：

$$\begin{cases} x + y - 10 \leqslant 0 \\ x - y + 3 \geqslant 0 \\ 2x + y - 8 \geqslant 0 \end{cases} \tag{2}$$

求 f 的最大值或最小值．

　　这里把求最大值或最小值的函数 $f = 3x + 2y$ 叫做**目标函数**．取最大值时我们用 $f_{\max}$ 表示，即 $f_{\max} = 3x + 2y$；取最小值时我们用 $f_{\min}$ 表示，即 $f_{\min} = 3x + 2y$．目标函数中的变量 x，y 满足条件的不等式组②称为**约束条件**．如果目标函数是关于变量的一次函数，则称为**线性目标函数**．如果约束条件是关于变量的一次不等式（或等式）称为**线性约束条件**．

　　在线性约束条件下，求线性目标函数的最大值或最小值问题，称为**线性规划问题**．

满足线性约束条件的解叫做**可行解**，由所有可行解构成的集合称为**可行域**.

在可行域中，使目标函数 f 达到最大值或最小值的解（点的坐标）称为**问题的最优解**.

例 6-21 某工厂生产甲、乙两种仪器，平均每生产一台甲种仪器需要 10 小时加工，5 小时装配，售价 300 元；平均每生产一台乙种仪器需要 4 小时加工，4 小时装配，售价 200 元. 每月可供利用的加工时间为 300 小时，装配时间为 250 小时，求工厂生产甲、乙两种仪器各多少件时，才能使总产值最大？试写出问题的数学模型.

解： 设工厂生产甲种仪器 x 件，乙种仪器 y 件，则总产值为目标函数 $f_{max} = 300x + 200y$.

满足线性约束条件 $\begin{cases} 10x + 4y \leqslant 300 \\ 5x + 4y \leqslant 250 \\ x > 0, \ y > 0 \end{cases}$

例 6-22 要用两种大小不同的钢板截成 A、B、C 三种规格的小钢板，每张大钢板可同时截得三种规格的小钢板的块数如表 6-1 所示.

表 6-1

原材料 \ 成品块数	A	B	C
第一种钢板	2	1	1
第二种钢板	1	2	3

现需要 A、B、C 三种规格的小钢板分别为 15 块、18 块、27 块，问这两种大的钢板各需要多少块可以满足截割三种规格的小钢板的需要，且使所用的大钢板总数最少. 试写出问题的数学模型.

解： 设需用第一种钢板 x 张、需用第二种钢板 y 张，则需用大钢板总数为 $f_{min} = x + y$.

满足线性约束条件为：$\begin{cases} 2x + y \geqslant 15 \\ x + 2y \geqslant 18 \\ x + 3y \geqslant 27 \\ x \geqslant 0 \\ y \geqslant 0 \end{cases}$

想一想

练习6.4.1

练一练

1. 某工厂要生产甲、乙两种畅销产品，生产每件甲、乙产品需要工时分别为 2 工时和 1 工时，这两种产品都需要原料 A，甲、乙两种产品每件各需要 1 个单位和 3 个单位的原料 A，每天工厂可提供 80 个工时，90 个单位的原料 A，甲、乙两种产品每件利润分别为 40 元和 30 元，问这两种产品每天生产多少件可使利润最大？试写出问题的数学模型.

2. 制造某种产品，每瓶重量不少于 500 克，该产品是由甲、乙两种原料混合而成的，要求每瓶中甲种原料最多不超过 300 克，乙种原料至少不少于 200 克，而甲种原料的成本是每克 5 元，乙种原料的成本是每克 8 元，问如何决定每瓶中甲、乙原料配比，才能使其成本

财经应用数学基础模块

最小？试写出问题的数学模型.

6.4.2　线性规划问题的图解法

学习目标：
会用线性规划求最优解的方法中的图解法解决简单的实际问题.

建立了线性问题的数学模型后，下一步就要求出变量的值，使它们既满足线性约束条件，又能使目标函数达到最大值或最小值，即找出线性规划问题的最优解.

线性规划问题的解法，常用的有**图解法**、**单纯形法**、**图上作业法**和**表上作业法**等，本节我们只讨论图解法.

由 6.4.1 的研究我们知道，一个二元一次方程 $Ax + By + C = 0$ 研究平面上的一条直线，这条直线将平面分为两个半平面区域，每一个半平面区域分别 $Ax + By + C \geq 0$ 和 $Ax + By + C \leq 0$ 的解集，下面就利用这种二元一次不等式的解与半平面区域间的对应关系在直角坐标平面上解决只有两个变量的线性规划问题.

例 6 - 23　某工厂生产甲、乙两种产品，这两种产品都需要 A、B 两种原料，生产一件甲种产品需要 A 种原料 3kg，B 种原料 1kg，生产 1 件乙种产品需要 A 种原料 2kg，需要 B 种原料 2 kg. 现有 A 种原料 1 200 kg，乙种原料 800 kg. 如果生产 1 件甲种产品平均利润是 30 元，生产 1 件乙种产品平均利润是 40 元. 问甲、乙两种产品各生产多少件时才能使利润的总额最大？

解： 设计划生产甲、乙种两种产品量分别为 x 件和 y 件，则获得利润总额为：

$$f_{\max} = 30x + 40y$$

且满足线性约束条件：$\begin{cases} 3x + 2y \leq 1200 \\ x + 2y \leq 800 \\ x > 0, \ y > 0 \end{cases}$

在直角坐标系中画出不等式组表示的区域 $OABC$（见图 6 - 21）.

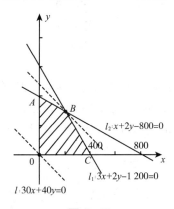

图 6 - 21

如图 6 - 21 中阴影区域上任何一点的坐标都能同时满足四个线性约束不等式；反之，阴影区域外任一点，其坐标不能同时满足这四个不等式.

因此，阴影区域的每一点的坐标都是这个线性规划问题的可行解，而阴影区域上所有点的全体就构成了这一线性规划问题的可行解域，即可行域，现在要在可行域中找一个最优解，即找出一个使目标函数 $f = 30x + 40y$ 取得最大值的可行解.

观察目标函数 f 的可能取值，作出直线 $30x + 40y = 0$，这条直线上任何一点都能使得目标函数 f 取同一常数值（此时 $f = 0$），称这条直线为等值线. 若分别令 f 等于 1，2，…，就可以作出彼此平等的等值线，构成直线族，从图 6 – 8 中可见，当 f 的值增加时，等值线就离开原点 O 越远，于是，这一问题就转化为：在上述等值线的平行直线族中，找出一条直线，使这与阴影区域相交，且又离开了直线 $f = 0$ 最远，由图可见，经过 B 点的等值线就能符合这一要求.

解方程组 $\begin{cases} 3x + 2y = 1\ 200 \\ x + 2y = 800 \end{cases}$ 得 B 的坐标（200，300），既满足线性约束条件，又能使用目标函数取得最大值，因此线性规划问题的最优解是 $x = 200$，$y = 300$，此时得 f 的最大值.

$$f_{max} = 30 \times 200 + 40 \times 300 = 18\ 000$$

答：计划生产 200 件甲种产品和生产 300 件乙种产品能使利润总额最大，最大利润是 18 000 元.

从例 6 – 23 的解题过程可见，目标函数 f 的最大值只需在阴影区域（也叫凸多边形）顶点的等值线中去寻找.

综上所述，图解法解线性规划问题的步骤是：

（1）在直角坐标系中，画出可行域；

（2）作出目标函数的 0 等值线，即目标函数值等于 0 的直线；

（3）将 0 等值线平行移动，如果存在最优解，必在等值线与可行域的顶点处取得.

例 6 – 24 求解 6.4.1 中问题 2 的线性规划问题.

解： 设需用第一种钢板 x 张、需用第二种钢板 y 张，

则需用大钢板总数为 $f_{min} = x + y$

得到线性约束条件为：

$$\begin{cases} 2x + y \geq 15 \\ x + 2y \geq 18 \\ x + 3y \geq 27 \\ x \geq 0 \\ y \geq 0 \end{cases}$$

由直线 l_1：$2x + y = 15$，l_2：$x + 2y = 18$，l_3：$x + 3y = 27$ 作出可行域，如图 6 – 22 所示.

作出目标函数 $f_{min} = x + y$ 的 0 等值线，即 $x + y = 0$，将 0 等值线向可行域平行移动至由 l_1：$2x + y = 15$ 和 l_3：$x + 3y = 27$ 的交点 A 处，这时目标函数 f 取最小值.

解方程组 $\begin{cases} 2x + y = 15 \\ x + 3y = 27 \end{cases}$，得 A 点坐标 $\left(\dfrac{18}{5}, \dfrac{39}{5} \right)$

$\because x$，y 为整数，需在阴影部分中找整数点.

又 $\because 3 < \dfrac{18}{5} < 4$，$7 < \dfrac{39}{5} < 8$，找出最接近交点的四个整数点，点（3，7），（3，8），（4，

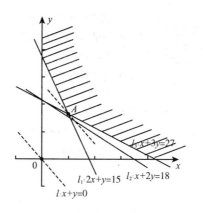

图 6 - 22

7）都不满足不等式组，因而不在阴影部分上，而点（4，8）满足不等式组，因此在阴影部分上．

∴ 在点（4，8）f 取最小值．

$f_{min} = 4 + 8 = 12$

答：问题的最优解为第一种钢板 4 张、需用第二种钢板 8 张，所用的大钢板总数最小．

1. 某工厂要生产甲、乙两种畅销产品，生产每件甲、乙产品需要工时分别为 2 工时和 1 工时，这两种产品都需要原料 A，甲、乙两种产品每件各需要 1 个单位和 3 个单位的原料 A，每天工厂可提供 80 个工时，90 个单位的原料 A，甲、乙两种产品每件利润分别为 40 元和 30 元，问这两种产品每天生产多少件可使利润最大？

2. 一位营养师设计的一餐中，主要有甲、乙两种食品，这两种食品中每百克的维生素含量见表 6－2.

表 6 - 2

维生素	A（mg）	B（mg）	C（mg）
甲种食品 100（mg）	2	4	10
乙种食品 100（mg）	3	1	5

一份餐的营养标准至少含维生素 A 12 mg，维生素 B 12 mg，维生素 C 40 mg，已知每百克成本甲种食品为 0.5 元，乙种食品为 0.7 元，问一份餐中，甲、乙两种食品各取多少百克能满足营养要求，又使成本最低？最低成本是多少？

1. 某工厂生产甲、乙两种仪器，平均每生产一台甲种仪器需要 10 小时加工，5 小时装配，售价 300 元；平均每生产一台乙种仪器需要 4 小时加工，4 小时装配，售价 200 元. 每月可供利用的加工时间为 300 小时，装配时间为 250 小时，求工厂生产甲、乙两种仪器各多少件时，才能使总产值最大？

2. 某校有 600 人外出郊游，准备租用某汽车公司的汽车，该公司目前可租用的车辆有大客车 10 辆，小客车 20 辆，载客量大客车 50 人，小客车 30 人，每辆大客车的租金为 400 元，小客车为 300 元，租用的一个条件是小客车不得少于大客车，问租大客车和小客车各多少辆可使租金总额最少？最少的租金总额是多少？

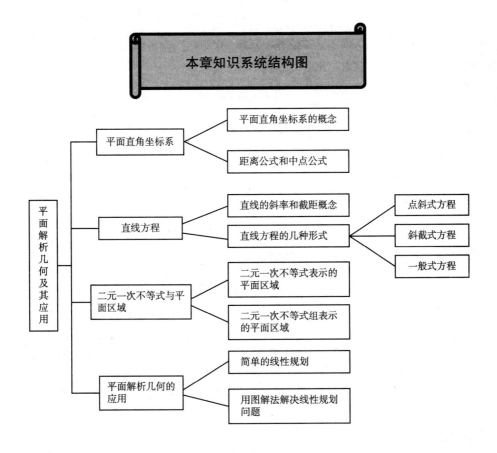

本章知识系统结构图

平面解析几何及其应用

├ 平面直角坐标系 ─┬ 平面直角坐标系的概念
│   └ 距离公式和中点公式
│
├ 直线方程 ─┬ 直线的斜率和截距概念
│   └ 直线方程的几种形式 ─┬ 点斜式方程
│   ├ 斜截式方程
│   └ 一般式方程
│
├ 二元一次不等式与平面区域 ─┬ 二元一次不等式表示的平面区域
│   └ 二元一次不等式组表示的平面区域
│
└ 平面解析几何的应用 ─┬ 简单的线性规划
                      └ 用图解法解决线性规划问题

一、选择题

1. $(3, 6)$, $(-1, 4)$ 两点之间的距离为_____；中点坐标为_____．

2. 直线 l_1 的倾斜角是 $60°$，则直线的斜率 $k =$ _____．

3. 直线 l_2 经过两点 $P_1(-3, 1)$ 和 $P_2(2, -4)$，则直线的斜率 $k =$ _____．

4. 过点 $(2, 1)$，且斜率 $k = \dfrac{\sqrt{2}}{2}$ 的直线方程为_____．

5. 斜率为 -2，在 y 轴上的截距是 3 的直线方程为_____．

6. 通过点 $(3, 5)$，$(-1, 4)$ 的直线方程为_____．

7. 二元一次方程 $Ax + By + C = 0$（A, B 不同时为 0）在直角坐标平面上表示_____．

8. 二元一次方程 $Ax + By + C \geq 0$（A, B 不同时为 0）在直角坐标平面上表示_____．

9. 不等式 $3x - 2y - 6 < 0$ 表示的平面区域是在直线 $3x - 2y - 6 = 0$ 的_____（左，右）半平面区域．

10. x、y 满足如下约束条件：$\begin{cases} x \leq 2 \\ y \leq 2 \\ x + y \geq 2 \end{cases}$，则 $f = x + 2y$ 的最大值为_____，最小值为_____．

二、判断题

1. 点 $(-2, 3)$ 在平面直角坐标系的第三象限． （ ）

2. 两点 $P_1(-2, 4)$ 和 $P_2(2, 1)$ 间的距离是 5． （ ）

3. 两点 $P_1(-2, 4)$ 和 $P_2(2, 1)$ 的中点坐标是 $\left(0, \dfrac{5}{2}\right)$． （ ）

4. 直线 $y = -\dfrac{1}{2}x + 1$ 的斜率 $k = -\dfrac{1}{2}$，y 轴截距 $b = 1$． （ ）

5. 任何一条直线都有斜率． （ ）

6. 任何一条直线都有倾斜角． （ ）

三、解答题

1. 点 $(1, 2)$，$(-1, 2)$，$(-1, -2)$，$(1, -2)$ 分别在第几象限？

2. 已知 $A(x, 5)$ 和点 $B(0, -2)$ 两点间的距离为 8，求点 A 的横坐标 x 的值．

3. 已知点 $Q(4, -2)$ 是连结点 $M(x, 3)$ 和点 $N(-3, y)$ 的线段中点，求 x 和 y 的值．

4. 求满足下列条件的直线方程并化为一般式：

（1）斜率是 $-\dfrac{1}{2}$，经过点 $(2, -1)$；　　　（2）y 轴截距为 -3，倾斜角为 $30°$．

5. 在 $\triangle ABC$ 中 $A(7, 6)$，$B(2, 4)$，$C(6, 0)$，BC 边上的中点为 D，求中线 AD 的长度．

6. 画出下列不等式组表示的平面区域：

（1）$\begin{cases} y > x + 1 \\ x + 2y < 4 \\ y > 0 \end{cases}$　　（2）$\begin{cases} x + y > 1 \\ x - 3y > -3 \\ y < 0 \end{cases}$　　（3）$\begin{cases} x \geq 5 \\ x \leq 4 \\ x + y \geq 7 \end{cases}$　　（4）$\begin{cases} x + 2y \geq 300 \\ 3x + 2y \leq 480 \\ y \leq 0 \end{cases}$

四、应用题，写出下列问题的数学模型，并用图解法解下列线性规划问题

1. 化轻公司生产甲、乙两种产品，每种产品要消耗的煤、电力的定额及单位的价格和各种资源的利用限量如表6-3所示，试问产品的产量各为多少时，才能使总利润最高？

表6-3

	甲/件	乙/件	资源限量
煤（吨）	9	4	30
电力（千瓦时）	3	10	300
所获利润（元/件）	7	12	

2. 某工厂生产甲、乙两种铝合金产品，需用铝和铁为原料，表6-4给了生产单位所需各原料的数量、现有原料的数量以及各种产品的单位利润，试问，甲、乙产品各生产多少千克时，能使工厂获利最大？

表6-4

	甲	乙	现有原料
铝（千克）	3	1	840
铁（千克）	2	3	700
单位产品利润（元）	5	4	

3. 商店现有75千克奶糖和120千克水果糖，准备混合在一起装成每袋1千克出售．有甲、乙两种混合方法，每种混合方法需要原料数及每袋可盈利数，如表6-5所示．试问甲、乙两种混合方法各装多少袋，才能获得最大利润？最大利润是多少？

表6-5

	甲	乙	库存量
奶糖（千克）	0.25	0.5	75
水果糖（千克）	0.75	0.5	120
每袋盈利（元）	0.5	0.9	

笛 卡 儿

笛卡儿是 17 世纪法国杰出的哲学家，是近代生物学的奠基人，是当时第一流的物理学家。笛卡儿虽然从小就喜欢数学，但他真正自信自己有数学才能并开始认真用心研究数学却是因为一次偶然的机缘。

那是 1618 年 11 月，笛卡儿在军队服役，驻扎在荷兰的一个小小的城填布莱达。一天，他在街上散步，看见一群人聚集在一张贴布告的招贴牌附近，情绪兴奋地议论纷纷，他好奇地走到跟前。但由于他听不懂荷兰话，也看不懂布告上的荷兰字，他就用法语向旁边的人打听。有一位能听懂法语的过路人不以为然地看了看这个年轻的士兵，告诉他，这里贴的是一张解数学题的有奖竞赛。要想让他给翻译布告上所有的内容，需要有一个条件，就是士兵要给他送来这张布告上所有问题的答案。这位荷兰人自称他是物理学、医学和数学教师别克曼。出乎意料的是，第二天，笛卡儿真的带着全部问题的答案来见他了，尤其使别克曼吃惊的是，这位年轻的法国士兵的全部答案竟然一点儿差错都没有。于是，二人成了好朋友，笛卡儿成了别克曼家的常客。

笛卡儿在别克曼指导下开始认真研究数学，别克曼还教笛卡儿学习荷兰语。这种情况一直延续了两年多，为笛卡儿以后创立解析几何打下了良好的基础。正是在荷兰，笛卡儿完成了他的《几何》。

我们现在所用的直角坐标系，通常叫做笛卡儿直角坐标系。正是从笛卡儿（Descartes R.，1596.3.31～1650.2.11）引进了直角坐标系以后，人们才得以用代数的方法研究几何问题，建立并完善了解析几何学，建立了微积分。

资料来源：人民教育出版社，http：//wwww.pep.com.cn.